EL ARTE Y LA CIENCIA DEL MAGNETISMO PERSONAL

EL ARTE Y LA CIENCIA DEL MAGNETISMO PERSONAL

WILLIAM W. ATKINSON

TALLER DEL ÉXITO

El arte y la ciencia del magnetismo personal
Copyright © 2023 - Taller del Éxito

Título original: *The Art and the Science of Personal Magnetism*
Copyright © William Walker Atkinson

All right reserved. This traslation was published under license with the original publisher.
Traducción al español: Copyright © 2023 Taller del Éxito, Inc.
Reservados todos los derechos. Ninguna parte de esta publicación puede ser reproducida, distribuida o transmitida por ninguna forma o medio, incluyendo: fotocopiado, grabación o cualquier otro método electrónico o mecánico, sin la autorización previa por escrito del autor o editor, excepto en el caso de breves reseñas utilizadas en críticas literarias y en ciertos usos no comerciales dispuestos por la Ley de Derechos de Autor.

Publicado por:
Taller del Éxito, Inc.
1669 N.W. 144 Terrace, Suite 210
Sunrise, Florida 33323
Estados Unidos
www.tallerdelexito.com

Editorial dedicada a la difusión de libros y audiolibros de desarrollo y crecimiento personal, liderazgo y motivación.

Traducción y corrección de estilo: Nancy Camargo Cáceres
Diseño de cubierta y diagramación: María Karla Castellanos

ISBN: 9781607388890

25 26 27 28 29 R|GIN 08 07 06 05 04

Contenido

Saludo preliminar 9

1. Magnetismo personal 13
2. Polos mentales y físicos 21
3. La fase mental 29
4. La fase física 37
5. Magnetismo físico 45
6. Generando fuerza nerviosa 53
7. Distribuyendo la energía nerviosa 61
8. Ejercicios de fuerza nerviosa 69
9. Radiación mental 83
10. Actitudes mentales 93
11. La atmósfera mental 99
12. Corrientes magnéticas 107
13. El flash directo 113
14. Ejercicios en "flash directo" 121
15. El aura positiva 129
16. El comando directo 137
17. El duelo magnético 145
18. Magnetismo corpóreo 153
19. Autodefensa magnética 161

Saludo preliminar

Tengo el placer de presentarles a todos mis lectores estas clases prácticas en el arte y la ciencia del magnetismo personal. Estas páginas contienen la esencia de todas las enseñanzas que he impartido a lo largo de los últimos 18 años, durante mis cursos de instrucción personal tanto aquí como en París.

En el trabajo que realizo durante mis clases presenciales, adapto el tema en discusión a las necesidades específicas de mis estudiantes individuales —lo cual es obvio que no puedo hacer cuando comparto mis enseñanzas en forma impresa—. Aun así, siento que he condensado en estas páginas la esencia de mis métodos y principios. Lo he hecho de tal manera que cualquier estudiante con un nivel de inteligencia promedio los comprenda y los asimile con facilidad para que luego los aplique con éxito. Al menos, siento que, si alguien no lo logra, será por fallas suyas —no mías.

A manera introductoria, deseo expresarle mi agradecimiento al Sr. LND, un estudiante estadounidense aquí en París que, de manera muy amable, ha transformado mi complicada "jerga americana" a un lenguaje llano y sencillo, deseable en todo libro diseñado para el público en general. Me siento particularmente en deuda con él, por haber elegido un estilo de lenguaje cómodo y fácil de entender, reproduciendo así el estilo conversacional que uso en todas mis clases y conferencias tanto en inglés como en francés. De modo que tengo claro que, sin su invaluable asistencia, este libro habría sido imposible de presentar y bastante difícil de leer.

Con la mano en el corazón, les envío mis sinceros saludos a todos mis lectores, junto con mis deseos más fervientes por su éxito.

Theron Q. Dumont

París, Francia

26 de agosto de 1913

1. Magnetismo personal

Es un hecho extraño y casi divertido que, de parte del público en general, exista al mismo tiempo una aceptación frecuente de la existencia del magnetismo personal y tanta ignorancia sobre la naturaleza de esta maravillosa fuerza. Mientras que todo el mundo cree en la existencia del magnetismo personal, casi nadie conoce su verdadera naturaleza y mucho menos tiene conocimiento práctico acerca de cuáles son sus principios de aplicación.

Muchos de los escritos más antiguos hacen multitud de referencias a ese poder misterioso y extraño, poseído por ciertos individuos, que les permitió atraer a otros o influir en ellos. Siguiendo el curso de la Historia de la humanidad escrita a través de los siglos, es fácil percibir una referencia constante a este extraño poder del individuo, tan reconocido por multitudes y al mismo tiempo, tan poco comprendido.

Llegando a la época actual —época en la que se le ha dedicado gran atención al estudio de la sicología y de los temas psíquicos en general—, encontramos que mientras se ha fortalecido el antiguo poder del magnetismo personal, existe al mismo tiempo muy poco conocimiento en general sobre la verdadera naturaleza de esta habilidad y de la mejor forma de usarla.

Esta falta de conocimiento a la cual acabamos de aludir se limita al público en general. En todas las épocas, han existido individuos avanzados que han comprendido y empleado por completo el poder que sin duda existe en la capacidad de influir en los demás. Los estudiosos de lo oculto del pasado no solo poseían este conocimiento y se lo transmitieron a sus sucesores, sino que también muchos de los personajes más grandes de la Historia se interesaron en adquirir un conocimiento profundo al respecto y lo han empleado para promover sus propios intereses.

En algunos casos, algunos de estos célebres personajes recibieron instrucción directa de maestros ocultos, aunque, en muchos casos, se tropezaron con la existencia de este poder dentro de ellos mismos y simplemente avanzaron en su conocimiento del tema, mediante cuidadosas investigaciones y estudios minuciosos, acompañados de constante experimentación. Muchos de ellos, plasmaron en sus escritos o frases su conocimiento sobre el tema, así como las mejores formas de poner en práctica este poder tan maravilloso del magnetismo personal.

Es difícil definir con precisión lo que es el "magnetismo personal". ¡Sus principios son tan poco entendidos por las masas!

Los diccionarios nos dan pocas luces al respecto, pues sus definiciones resultan muy vagas. Quizá, la mejor definición sea la siguiente:

Se entiende por magnetismo personal al poder, a aquella fuerza o influencia —tan dinámica y peculiar como poco comprendida— que ejercen ciertos individuos, en diversos grados, por medio de la cual ellos atraen, controlan, dominan e influencian a otras personas.

Forma de influencia mental que ejercen ciertos individuos sobre aquellos con quienes entran en contacto.

La principal objeción que tengo en cuanto al concepto anterior, que en ciertos aspectos es bastante acertado, es la afirmación de que solo ciertos individuos poseen magnetismo personal, ya que esto implica que el resto de la gente está desprovista de esta habilidad.

En mi opinión, este es un triste error. La verdad es que cada individuo posee cierto grado de magnetismo personal y puede aumentarlo y fortalecerlo, mediante su conocimiento y su práctica.

Hasta la persona "menos magnética" posee magnetismo personal incluso en un grado considerable, solo que, por lo general, ella ignora su naturaleza, su poder y las formas de usarlo. Tanto es así, que termina repeliendo a quienes la rodean en lugar de atraerlos.

Así pues, no dejes de notar este hecho: el magnetismo personal, como el magnetismo material, puede repeler y no solo atraer. Tiene su lado positivo, así como su lado negativo. Muchas personas muy repelentes lo que realmente están manifestando es un alto grado de magnetismo personal, solo que en forma negativa, razón por la cual están alejando a las personas de la misma manera que otras atraen a la gente hacia ellas. En otras palabras, todo es cuestión de cómo cada uno utiliza sus niveles de magnetismo personal.

El hecho es que cada persona genera y arroja cierto grado de magnetismo personal (que varía entre diferentes individuos), lo cual afecta la mente de quienes entran en su campo de influencia. Cada persona emana y proyecta una cierta cantidad o grado de magnetismo personal. Pero además, cada una está constantemente rodeada por un campo de influencia magnética personal —por una atmósfera personal, por así decirlo.

Esta atmósfera personal afecta, en mayor o menor grado, a otras personas que entran en su campo de influencia.

Dicha atmósfera personal varía mucho en su grado de fuerza, extensión y carácter general, entre individuos diferentes. La persona promedio tiene una atmósfera personal débil y esta se extiende a corta distancia por todos lados. Por otra parte, los personajes fuertes de la raza humana están rodeados por una atmósfera personal ampliamente difundida y de gran poder, en especial, cuando ellos están siendo confrontados por cualquier emoción, sentimiento o deseo fuerte.

La atmósfera personal de esos individuos fuertes, casi siempre reconocidos como líderes, tiende a extenderse a grandes distancias de ellos mismos y está tan saturada de un magnetismo tan fuerte y dinámico que este impregna con poder a aquellos que entran en su campo de influencia.

Pero incluso los individuos más débiles de la raza que usan su magnetismo personal de manera inconsciente ejercen, como mínimo, cierto grado de influencia sobre quienes los rodean.

Solo es cuestión de pensarlo por un momento para reconocer que algunas personas emanan una atmósfera de alegría, brillo y felicidad que afecta de una manera deseable a todos aquellos con quienes ellas entran en contacto. De la misma manera, otros están rodeados por una atmósfera de pesimismo, derrota y desaliento que afecta negativamente a quienes se acercan a ellos.

Estas cosas son demasiado frecuentes como para despertar el interés incluso entre personas comunes; sin embargo, en este fenómeno se encuentra la clave de las formas superiores del magnetismo personal.

Estamos tan acostumbrados a tomar el magnetismo personal como una simple fase positiva y atractiva del ser humano que a algunos de nosotros nos resulta chocante que se nos diga que la atmósfera personal repulsiva es igualmente "magnética" —es decir, magnética en la dirección equivocada—. Esto no debería sorprendernos, sobre todo, cuando recordamos que incluso el imán físico, el imán de metal, repele bajo ciertas circunstancias tan fuertemente como atrae bajo otras.

Hay, es cierto, individuos que parecen ni atraer ni repeler, pero esto no afecta la regla general. Estos individuos neutrales suelen ser de magnetismo débil, de carácter débil. Es decir, parecen no tener grandes motivos, ni objetivos o deseos o carácter o personalidad fuertes. Sin lugar a duda, cada facultad de la mente es neutralizada por alguna otra facultad de igual fuerza, haciendo que el resultado de esa mezcla sea una condición neutral similar a la del agua tibia, que no es ni caliente ni fría. Como es natural, es sencillo deducir que tales personas están envueltas en una débil atmósfera personal que bien podríamos denominar como "neutra". Es por esto que ellas ejercen una influencia en los demás que es también neutral. Ni atraen ni repelen —simplemente, "aburren" a aquellos con quienes entran en contacto.

Algunos suelen plantear la cuestión de que si, como he dicho, cada persona tiene su propio magnetismo, entonces, ¿por qué debería alguien molestarse en saber más sobre el asunto y estudiar sobre este tema?

Tal pregunta —por cierto, planteada con mucha frecuencia— hace que una sonrisa se dibuje en el rostro de quienes tienen conocimiento del tema, pues les parece ¡tan infantil! Si bien es cierto que todas las personas poseen cierto magnetismo propio de sí mismas, también es cierto que la mayoría apenas sí tiene una fuerza magnética que es débil y, a menudo, con un carácter negativo y hasta indeseable.

Es un hecho positivo y muy bien conocido por aquellos que estudian y dominan este tema que incluso la persona más débil y negativa tiene la capacidad de desarrollar su magnetismo personal e ir adquiriendo y alcanzando el mismo grado y carácter de magnetismo que poseen muchos individuos exitosos, quienes desde sus primeros años de vida, también fueron débiles en cuanto a su nivel de influencia magnética.

En otras palabras, cualquiera que se lo proponga puede cambiar por completo su nivel de magnetismo personal, llevarlo del lado negativo al positivo, de lo indeseable a lo deseable, mediante un cuidadoso estudio y de constante práctica, siguiendo uno a uno los lineamientos que expondré en este libro.

Por otra parte, también es posible que cualquiera con la suficiente voluntad, perseverancia y determinación pueda desarrollarse en este campo y pasar de un estado insignificante de magnetismo a una condición de magnitud interpersonal de talla gigantesca. La cuestión es que, para alcanzar un cierto nivel de magnetismo, así como una voluntad indomable, se requiere de determinación y práctica constante. Sin embargo, aunque cualquiera tiene la capacidad de aumentar su grado de magnetismo personal y pulir su carácter, los premios más elevados están reservados solo para aquellos que perseveren hasta el final y sigan siendo fieles en estos ejercicios que estoy a punto de enseñar.

Por supuesto, esto es verdad no solo con relación al magnetismo personal, sino también con respecto a cualquier otra cosa que valga la pena alcanzar y tener. No existe un "camino para príncipes" rumbo hacia nada que valga la pena tener. Todos debemos trabajar y luchar para conseguir lo que nos interesa obtener. Los premios no son para los débiles ni para los perezosos, sino para los individuos persistentes y esforzados que se "mantengan" en su objetivo hasta tener éxito.

En este pequeño libro, te entrego la llave del secreto del magnetismo personal, pero eres tú quien determinará el grado de éxito que quieres alcanzar. A lo largo de estas páginas, te daré las mejores herramientas e instrucciones sobre cómo usarlas —pero eres tú quien tendrás que hacer el resto por ti mismo—. No obstante, te diré lo siguiente: el éxito debe ser y será tuyo si sigues estas instrucciones con cuidado, persistencia y perseverancia.

Eso es todo lo que puedo hacer por ti —el resto está en tus manos.

2. Polos mentales y físicos

Algunos de los escritores sobre el tema del magnetismo personal han caído en el constante error de afirmar que el secreto esencial del magnetismo personal está basado en los fenómenos de la telepatía o la transferencia del pensamiento. Sin embargo, estos escritores se han impresionado tanto ante los hechos maravillosos de la fase mental del magnetismo personal que están pasando 100% por alto la otra fase de esta capacidad, es decir, el polo físico de la personalidad magnética.

No hay lugar a duda que esta segunda fase es tan importante como la fase mental. La persona que desea cultivar y desarrollar su magnetismo personal debe darle a esta segunda fase la misma atención y práctica cuidadosa que a la primera fase.

Hay dos polos distintos del magnetismo personal:

1. Mental

2. Físico

No dejes de notar esto, porque tu éxito dependerá de la coordinación de la fuerza de ambos polos. Para muchos, esta idea de que hay una segunda fase física o de magnetismo personal tiende a ser extraña, debido a que están acostumbrados a escuchar que el magnetismo personal es un fenómeno mental puro y simple.

Por eso, a medida que avanzamos en nuestro estudio del tema, espero convencerte a fondo de que este segundo polo del magnetismo personal realmente existe y es igual de potente a la primera fase o primer polo mental.

El ser humano es un organismo dual, con fases de manifestación tanto mentales como físicas; es decir, tanto de mente como de cuerpo; su fuerza personal también está compuesta por dos fases o polos distintos, cada uno coordinando con el otro en el trabajo de manifestar energía y crear efectos.

Es un hecho que el magnetismo de algunas personas es más que todo mental, mientras que el de otras es más de orden físico. Sin embargo, el individuo que realmente manifiesta el grado más alto de magnetismo personal es aquel que desarrolla ambos polos de esta cualidad, ambas fases del magnetismo — tanto la física como la mental.

Para desarrollar su fuerza y energía, el polo o la fase mental del magnetismo personal depende de la capacidad de la mente para crear ondas de pensamiento y proyectarlas más allá de los límites del cerebro hacia la atmósfera personal del individuo e incluso más allá de su propia atmósfera personal cuando sea necesario.

Ahora, cuando este polo va acompañado del magnetismo físico generado obviamente por el polo físico, este magnetismo mental influye en gran modo a las personas que entran en el campo de acción de estas ondas de pensamiento. Pero, sin una buena provisión de magnetismo físico, estas ondas de pensamiento no tienen suficiente fuerza para producir resultados notables. Podría decirse que el magnetismo físico es necesario para darle "cuerpo" al magnetismo mental, así como el magnetismo mental es necesario para darle color, carácter o "alma" al magnetismo físico. Las dos fases del magnetismo deben trabajar juntas para obtener los mejores efectos.

Antes, era muy difícil transmitirle a los estudiosos del tema todo lo relativo a la fase mental del magnetismo personal. ¡Tan extraño les parecía todo aquello! En cambio, en estos días, cuando se ha escrito y enseñado tanto acerca de la telepatía, la transferencia de pensamientos y el poder mental, la persona promedio está tan bien informada sobre este tema en general que comprende con facilidad cuáles son y en qué consisten las características especiales del poder de pensamiento, tal como este se manifiesta en el ejercicio del magnetismo personal.

Por lo tanto, hoy en día, ya no es necesario darles a los interesados en este tema, primero que todo, una amplia información acerca de lo que es la telepatía, de tal modo que después sí podamos introducirlos en el campo concreto del magnetismo personal. En este libro, daré por sentado que el lector conoce algo con respecto a lo que es la telepatía o transferencia de pensamientos. Por consiguiente, no ocuparé espacio ni tiempo, transitando por este viejo y conocido terreno.

Lo que sí creo conveniente mencionar es algunos de los últimos descubrimientos de la ciencia en relación con la transferencia del pensamiento.

La ciencia ha descubierto que, en los procesos de pensamiento, el cerebro humano genera y utiliza una cierta cantidad de energía en el área del tejido cerebral. La generación y empleo de esta energía produce calor y es un hecho que aumenta la temperatura de las áreas cerebrales tal y como puede demostrarse mediante el uso de ciertos instrumentos de registro.

En todos los cerebros bien equipados se encuentra tanto una fuerza real como la electricidad, o el magnetismo propio de las piedras imantadas, que se rige por las mismas leyes y reglas generales. Y, así como la electricidad o el magnetismo común y corriente, la fuerza o electricidad del cerebro humano no se limita al punto en que esta es generada, sino que puede ser difundida —y se difunde— a puntos que van más allá del cerebro.

En otras palabras, *la energía mental del cerebro de una persona se extiende más allá de los límites de su cerebro, crea una atmósfera de pensamiento a su alrededor y registra un efecto sobre el cerebro de quienes entran en su campo de energía.*

El descubrimiento de la radioactividad en ciertos elementos de la materia, sobre todo, en el caso del radio, ha llevado a la ciencia a investigar la posible radioactividad de otras sustancias. El resultado es muy sorprendente, pues la ciencia avanzada ahora nos anuncia que toda sustancia es radiactiva, es decir, toda sustancia está irradiando constantemente energía de fuerza de sí misma.

Este descubrimiento sirve para armonizar los hechos previamente separados acerca de la transferencia del pensamiento, aceptando como un hecho que el cerebro humano es fuertemente radiactivo y está enviando corrientes permanentes de radio —energía.

Hoy en día, está confirmado que las mismas leyes que gobiernan el radio son las que gobiernan la acción del cerebro. Esto simplifica el asunto y lleva el tema de la transferencia del pensamiento al campo general de la ciencia, sacándolo de los dominios del misticismo.

Es por eso que, en la actualidad, se estudia y se enseña este tema desde una base científica. Es así como está ocurriendo en las principales universidades del mundo, donde se están haciendo nuevos descubrimientos a este respecto. El polo físico del magnetismo personal no se encuentra en los tejidos ni en la sangre ni en los huesos del cuerpo, ya que estos no son más que la cruda maquinaria por la cual transitan y actúan las partes superiores del organismo humano.

En realidad, el polo físico se encuentra en esa parte tan maravillosa del organismo, conocida como el sistema nervioso. Este es tan maravilloso en su totalidad como lo es el cerebro. Sus efectos en el magnetismo personal son fundamentales.

Somos bastante propensos a pensar en las terminaciones nerviosas como una parte del "cuerpo" humano. Es por esto que nos resulta algo difícil comprender la idea de que el sistema nervioso en realidad es una parte del sistema mental, como lo es el cerebro. De hecho, el sistema nervioso se compone de casi el mismo tipo de materia que el cerebro.

Además, este sistema genera energía de una especie muy similar a la generada por el cerebro. Por lo demás, la ciencia avanzada afirma que el cerebro y el sistema nervioso son un todo y están regidos por las mismas leyes generales. Por lo tanto, deben considerarse en mutua y absoluta conexión.

Cuando los estudios realizados en el campo del magnetismo personal comprueban el importante papel desempeñado por los grandes centros nerviosos, estos llegan a aceptar esta interconexión sin temor a equivocarse.

Por lo tanto, aunque yo utilizo el término "físico" para referirme al magnetismo del sistema nervioso, y el término "mental" para referirme al magnetismo del cerebro, lo hago solo para establecer una fácil línea de distinción entre los dos, con el propósito de enseñar y estudiar el tema. Sin embargo, al final, ambos son partes de un mismo todo. Simplemente, son dos polos de la misma fuente de energía.

El sistema nervioso del ser humano es un mecanismo totalmente interconectado. Su característica principal es la médula espinal, la cual corre a lo largo de una abertura en la columna vertebral y está directamente conectada con el cerebro.

De la médula espinal surgen muchos conjuntos de nervios que van en parejas y se ramifican en filamentos más pequeños que a su vez se ramifican en otros aún más pequeños y así sucesivamente hasta que cada parte del cuerpo obtiene una conexión directa con el tronco nervioso principal. Otros grandes cables de nervios descienden al tronco del cuerpo, aparte del sistema de la médula espinal, aunque están conectados con esta por medio de enlaces nerviosos.

En diferentes partes del cuerpo se encuentran grandes masas de sustancia nerviosa, siendo nudos enmarañados o conjuntos de nervios llamados plexos. El principal es el "plexo solar", que se encuentra justo detrás del hoyo del estómago y desempeña un papel muy importante en la vida de la persona. De hecho, un papel tan importante que un golpe fuerte y directo sobre él puede llegar a causar la muerte.

El sistema nervioso no solo transmite mensajes desde las diferentes partes del cuerpo al cerebro, sino que también sirve para transmitir la energía del movimiento a las diversas partes. En pocas palabras, no puede haber movimiento de ninguna parte del cuerpo a menos que el impulso llegue sobre los nervios. Cuando los nervios que gobiernan cualquier parte del cuerpo están paralizados, esa parte del cuerpo queda desprovista de movimiento. Así que, como verás, el sistema nervioso es una parte del gran sistema de producción de energía del cuerpo — una parte tan importante como el cerebro.

Es crucial tener esto en mente, porque esta es una de las claves de los secretos del magnetismo personal. Lo que esto quiere decir es que, cuando sabes que esta energía nerviosa se extiende más allá de los límites del cuerpo, al igual que la energía del cerebro, entonces, te es más fácil comenzar a ver hacia donde yo quiero llegar al anunciar el segundo polo o fase del magnetismo personal, el polo "físico", que, en realidad, es la fase del magnetismo generado y radiado por el sistema nervioso, particularmente, por sus grandes centros, ubicados en el plexo.

Bueno, aunque he evitado a propósito ciertos términos técnicos científicos y me he expresado en la forma más simple posible, creo que ya comienzas a tener una idea más clara de lo que es el magnetismo personal y sus dos polos —tanto a nivel físico como mental.

3. La fase mental

La fase mental del magnetismo personal depende de dos manifestaciones coordinadas de la capacidad de la mente, así:

1. Saber mantener ciertos estados mentales hasta que la atmósfera mental se cargue con las vibraciones de esos estados mentales particulares.
2. Saber realizar la proyección consciente de la corriente mental desde los centros del cerebro, por la acción de la voluntad del individuo.

A continuación, procederé a describir en detalle estas dos fases mentales de manifestación.

Es un hecho conocido por todos los estudiosos del tema que *el carácter de la atmósfera mental de cada individuo depende por completo del carácter de los estados mentales que este posee.*

La atmósfera mental del individuo esperanzado y expectante está compuesta por vibraciones de carácter esperanzador y alegre que tienden a emocionar e influenciar a quienes entran en su campo de actividad y su entorno personal.

Del mismo modo, la atmósfera mental del individuo sombrío y deprimido está compuesta por vibraciones de carácter sombrío y deprimente que impactan y afectan a aquellos que entran en contacto con él. Es obvio que todos sus estados mentales se manifestarán en su atmósfera mental y, en consecuencia, afectarán a quienes estén en estrecho contacto con esta persona.

La verdad de estas afirmaciones será evidente para todo aquel que decida prestar total atención. Es fundamental tener siempre en cuenta las impresiones que cada individuo genera en los demás una vez ha entrado en contacto con ellos. Es indudable que algunos tienden a dejarnos la impresión de oscuridad, ineficiencia, fracaso. Otros nos dejan una sensación de sospecha, desconfianza e inquietud. En cambio, otros son generadores de alegría, amistad, confianza y buena voluntad.

Sin lugar a duda, la atmósfera de algunas personas es tal que nos obliga a alejarnos y a descartar de lleno sus propuestas de negocios cualesquiera que sean. Otras, en cambio, nos infunden confianza y nos dan la sensación de que nos gustaría hacer negocios con ellas todas las veces que sea.

Hay quienes nos dejan la sensación de que hemos estado en presencia de "algo tortuoso" y, a menudo, nos resulta imposible reprimir un repentino estremecimiento acompañado de disgusto y aversión.

Menos mal, otros generan en nosotros la impresión de que estamos frente a buenos amigos en los cuales podemos depender, pues estarán dispuestos a ayudarnos en lo que sea que necesitemos y serán grandes compañeros de viaje.

¿Por qué?

No es por nada en particular que ellos nos digan, pues, como todos sabemos, algunas de las personas más resbaladizas sueles ser aquellas que mejor hablan y las que más "tiernas" parecen ser; en contraste, algunas de las mejores personas, de las más confiables, son a menudo muy reticentes e incluso "breves" al hablar. Por consiguiente, la razón por la cual nos sentimos cómodos y confiados con algunas personas es mucho más profunda que sus palabras. De lo que se trata es de ese "sentimiento" que experimentamos cuando entramos en contacto con ellas.

Dicho "sentimiento" es causado por el registro que hace nuestro muy sensible organismo cerebral de las vibraciones de pensamiento de la atmósfera personal de esa otra persona. Lo interesante es que estas buenas vibras no solo se perciben en la persona en sí: también se perciben en su hogar, en su lugar de trabajo, en los restaurantes y en todos los lugares que ella frecuenta, que también son impactados por la influencia continua de las vibraciones mentales de su ambiente personal.

¿Alguna vez notaste cómo algunas casas te producen un sentimiento de tristeza o desgracia o de algo peor, mientras que otras parecen tener un aire de salud y alegría, de felicidad y bienestar?

Esto es a menudo cierto. Aunque la casa haya estado desocupada durante algún tiempo, tan fuertes eran las vibraciones mentales de la atmósfera de la persona o de las personas que habitaban en ella que, a pesar del tiempo, todavía se sienten.

De la misma manera, algunas oficinas y lugares de negocios están tan saturados de las vibraciones de las atmósferas personales de sus ocupantes, tanto, que uno las siente fuertemente y es impregnado por ellas con solo cruzar la puerta. Es tan cierto esto que una persona puede pretender disfrazar sus pensamientos con sus palabras o con su expresión facial, pero las vibraciones mentales de su ambiente personal "la delatan".

Hechos como estos hay cantidades y ninguno requiere de pruebas. Con tu propia experiencia tienes pruebas suficientes para saber que así es, pero es importante que tomes nota mental de ellos y los tengas presentes a medida que avanzas en esta lectura.

Muchas personas nos dejan muy poca impresión, porque sus estados mentales son tan variados, inconstantes y fugaces que se neutralizan entre sí y no transmiten una clara sombra de color de pensamiento a la atmósfera personal.

Las atmósferas personales más fuertes son aquellas que emanan de personas de sentimientos, deseos y emociones fuertes, sean estos buenos o malos, pues tienen estados mentales fuertes y constantes que se imponen con vigor al interior de su ambiente personal —tan vigorosamente, que alguien ágil en captar este tipo de cosas no puede dejar de percibirlas.

Si reflexionas sobre esto por un momento, concluirás que es verdad —una verdad que aceptarás cuando le dediques momentos de profunda reflexión al tema.

Por ello, debes tener mucho cuidado y *evitar* albergar estados mentales que inspiren sentimientos indeseables en los demás.

Al mismo tiempo, debes esforzarte por *cultivar* estados mentales que despierten sentimientos agradables en aquellos con quienes entras en contacto.

De hecho, usaré una gran parte de los siguientes capítulos para mostrarte cómo cultivar tales estados mentales con el propósito de crear en los demás el efecto deseado, ya que en ello se basa uno de los grandes secretos del magnetismo personal.

No hay que desesperarse si llega un momento en que uno se da cuenta que ha estado creando y llevando consigo una atmósfera personal de tipo indeseable, pues lo podemos remediar. Uno puede cambiar por completo el carácter de sus estados mentales y así transformar su ambiente personal, yendo incluso desde el peor hasta el mejor. Se requiere de mucho trabajo, perseverancia y paciencia, es cierto, pero la recompensa es tan grande que le "paga bien" a cualquiera que le dedique su tiempo y atención.

El principio es muy simple, pero se necesita determinación y una voluntad obstinada para obtener los mejores resultados, sobre todo, en casos en los que han existido condiciones muy indeseables.

La segunda forma en que opera la fase mental del magnetismo personal, es decir, la de la proyección consciente de las corrientes mentales desde los centros cerebrales, por la acción de la voluntad del individuo, exige también el trabajo de quien desea crear una atmósfera personal fuerte.

El principio de esta segunda forma de acción mental consiste en el uso de la voluntad para hacer una proyección consciente de las corrientes de pensamiento. Esto es cierto en lo referente a estimular la atmósfera personal y también cuando se trata de producir un efecto sobre la mente de la(s) persona(s) frente a la(s) cual(es) uno se encuentra.

Si bien es cierto que el carácter de los estados mentales de cada persona va a darle multiplicidad y carácter a su atmósfera personal, lo que, por supuesto, producirá un efecto sobre la(s) otra(s) persona(s) que entre(n) en su campo de acción, es igualmente cierto que el efecto de tales vibraciones mentales puede incrementarse en gran medida, mediante el uso de la voluntad de cada individuo, según sea la dirección de la proyección consciente a la que acabo de hacer referencia.

En otras palabras, los estados mentales producen y crean la atmósfera mental, es cierto, pero la voluntad sirve para proyectarlos con fuerza y, en general, energizar la atmósfera y aumentar su efecto. Es como si hubieras creado una gran reserva de magnetismo mental en tu cerebro y le hubieses dado la calidad y el color adecuados por el carácter de tus estados mentales. Como resultado, crearás una atmósfera o un aura personal alrededor tuyo que será percibida por quienes te rodean.

Entonces, ¡imagínate el aumento de fuerza y el efecto que surgiría del uso de tu voluntad para proyectar y fortalecer estas vibraciones mentales!

Verías de inmediato cómo tal acción de la voluntad tiende a energizar y aumentar las vibraciones de tu atmósfera mental, ¿no? Sería como encender una fuerza extra del poder, ¿ves? Ciertamente, lo sería. Tú puedes obtener este efecto cuando lo desees, usando los métodos que te iré mostrando a lo largo de esta lectura, a medida que avances en ella.

Una vez más, con un poco de reflexión, verás cuánto más fuerte será el efecto sobre cualquier individuo en especial, si además de las vibraciones de tu atmósfera personal añades la fuerza de una corriente especial de fuerza mental dirigida de manera constante e intencional a su mente, por un esfuerzo de tu voluntad. ¿Ves el punto?

Primero, impactas a esta persona, mediante el efecto de tu energizada atmósfera personal y luego, justo cuando ella está en la condición receptiva apropiada, le descargas una "bala" psíquica que da directamente en el "blanco" de su mente con enorme fuerza.

A primera vista, esto puede parecer un procedimiento muy agotador que requeriría el uso de una gran cantidad de fuerza de voluntad de tu parte. Sin embargo, no es así, pues las corrientes de pensamiento son muy sensibles a la acción de la voluntad y lo principal es mantener la voluntad enfocada firmemente en la tarea. De ese modo, las corrientes de pensamiento fluirán por el canal que ha sido creado para ellas.

Es como sostener un rifle correctamente apuntado y después dejar que la fuerza de la pólvora conduzca la bala a su destino; como si sostuvieras la boquilla de una manguera apuntada justo donde deseas que llegue el chorro de agua ¡y punto! Entonces, cuando abres la corriente de agua, esta fluye de inmediato y va directo a tu objetivo incluso mucho después de haber salido de la boquilla de la manguera.

A lo largo de la Historia, las personas fuertes de todos los tiempos han empleado la voluntad de esta manera, en dirección a crear una atmósfera personal fuerte y también en dirección a producir fuertes impresiones sobre aquellos a quienes ellas deseaban impactar.

En muchos casos, ellas no comprendieron por completo el carácter de las fuerzas que entraban en funcionamiento, pero entendieron la parte del "cómo", aunque no comprendieran el "por qué".

La próxima vez que entres en contacto con un individuo fuerte, obsérvalo. Descubrirás cómo casi puedes ver el funcionamiento de esta dirección de fuerza mental de la que te acabo de hablar.

Pero, más importante que estudiar "a otros" es el hecho de cultivar el arte de hacer esto tú mismo. Es eso es lo que estoy tratando de enseñarte a hacer. Tendrás éxito si pones manos a la obra con todo tu corazón y con toda tu mente. Tómalo en serio y el poder de lograr el éxito se desarrollará dentro de ti.

4. La fase física

La fase física del magnetismo personal depende de dos manifestaciones coordinadas de la fuerza nerviosa, así:

1. La generación de un abundante suministro de fuerza nerviosa al interior del sistema nervioso.
2. La proyección consciente, por medio de la voluntad, de ese suministro de fuerza nerviosa en la atmósfera personal e incluso a una mayor distancia bajo condiciones especiales.

Por "fuerza nerviosa", tal como la utilizo en el párrafo anterior, me refiero a esa extraña y misteriosa forma de energía que controla todos los movimientos físicos, y, sin embargo, al mismo tiempo, parece ser más elevada que el físico mismo. Es semejante a la electricidad o al magnetismo, en su naturaleza real, y, tal como estas fuerzas, es imposible de definir.

La fuerza nerviosa es muy diferente a la materia de la cual está compuesto el sistema nervioso. Desde la médula espinal hasta el filamento nervioso más delicado, el sistema nervioso es, en el mejor de los casos, tan solo un sistema de cables y transmisores, sobre el cual se desplaza la fuerza nerviosa. Consiste en una especie de reservorios complicados en los que se almacena dicha fuerza.

Los nervios ordinarios sirven como alambres y cables sobre los cuales la fuerza nerviosa viaja para mover las partes del cuerpo que deseamos mover —o que nuestra mentalidad o mente subconsciente desea mover.

Ciertas partes del cerebro son grandes reservorios de fuerza nerviosa, así como también lo son los grandes grupos de materia nerviosa llamados plexos, entre los cuales se destacan el plexo solar y el plexo sacro.

Los libros sobre fisiología pasan por encima de la cuestión de la naturaleza real de la fuerza nerviosa, porque sus escritores ignoran cuál es ese secreto implícito en ella. Por esa razón, afirman cosas como esta de que "en el caso de la electricidad, aunque reconocemos 100% su existencia y su poder, desconocemos su verdadera naturaleza".

Por lo tanto, los estudiosos de este tema terminan recurriendo a algunos de los viejos escritores ocultos de antaño y a sus seguidores actuales para conseguir dicho secreto.

A lo largo de la Historia, una gran parte de los esotéricos e investigadores tanto antiguos como modernos ha reconocido la incuestionable existencia de una fuerza en la naturaleza que resulta ser incontrolable y sutil a la vez —una de las "fuerzas más finas" de la naturaleza— cuyos efectos y actividades son tremendos e incontrolables y desafían todo poder de análisis y toda posible definición.

La razón por la cual la ciencia nunca ha podido clasificar la fuerza nerviosa es porque, al igual que la electricidad, es diferente de cualquier otra forma de fuerza, tan diferente que no es posible clasificarla junto con otras fuerzas.

En algunos casos, la ciencia ha intentado tratarla como una secreción de la materia nerviosa, lo cual es una locura semejante a la del filósofo materialista que trató de definir la mente como una "secreción del cerebro" y a la bilis como una "secreción del hígado", de la vesícula biliar, etc. Por supuesto, tales intentos de definición lo único que causan es burlas y bromas sobre los sabios que las proponen.

Por su parte, aunque los esotéricos no intentan definir la fuerza nerviosa (reconociéndola como perteneciente a una clase propia), ellos han descubierto la fuente de su origen y nos han dado valiosa información sobre su uso y le han dado muchos nombres como:

- "fuerza vital"
- "energía vital"
- "fuerza de vida"
- "fluido vital"
- "magnetismo vital", etc.

En el caso de los orientales, ellos le han aplicado los términos "prana" o "energía akashic". Pero, bajo todos estos diferentes nombres, los esotéricos siempre se han referido a una misma y única cosa: a la fuerza nerviosa.

El nombre que yo utilizo al describirla —"fuerza nerviosa"— es, simplemente, porque esta fuerza se encuentra más que todo en el sistema nervioso, pero no por la idea de que esta se origine allí. De hecho, y como veremos más adelante, su origen se deriva de una fuente mucho más elevada y elemental.

La vieja escuela materialista de fisiología ha intentado demostrar que la energía del cuerpo humano, tal como el material corporal, se deriva de los alimentos que ingerimos y se crea mediante la combustión química de estos. Sin embargo, aunque esto es cierto, lo es solo en parte.

Si bien es un hecho innegable que existe una cierta cantidad de energía en los alimentos frescos (la cual se ha concentrado allí durante la vida de la planta o del animal que consumimos), la cantidad de energía absorbida es demasiado pequeña como para suministrarle a nuestro cuerpo lo que este necesita para su correcto funcionamiento. Es más, esa pequeña parte así obtenida no se deriva de la combustión química del alimento. La combustión química de los alimentos resulta en la producción del calor corporal, pero nunca en la creación de energía. La verdadera fuente de energía es la misma que la fuente de electricidad, es decir, *el éter universal que llena el espacio*.

Al igual que la electricidad, esta energía también está a nuestra disposición solo cuando nuestro cuerpo está asociado a ella. La atmósfera está cargada de energía —de fuerza nerviosa— y esta es tomada y absorbida por nuestro sistema nervioso y almacenada en sus grandes reservorios, de donde fluye a su vez sobre los nervios cada vez que así lo requerimos para cubrir nuestras necesidades tanto físicas como mentales.

Como es lógico, preguntarás: ¿Cómo absorbe el cuerpo la energía o fuerza nerviosa universal? ¿A través de qué canal entra en nuestro sistema? La respuesta es clara: en la vida vegetal, animal y humana, la fuerza nerviosa es "respirada" al interior del sistema.

En otras palabras, el proceso de la respiración, en sus formas superior e inferior, no solo consiste en la extracción del oxígeno y otros elementos del aire, sino también en la extracción de la fuerza nerviosa universal.

Cuando esto se entienda, será más fácil entender por qué el ser vivo perece tan pronto si se detiene el proceso de respiración. La comprensión de este secreto de la naturaleza arroja una luz muy necesaria sobre el fundamental papel que desempeña la respiración en la vida de todas las criaturas.

Por consiguiente, antes de proseguir con otro aspecto del proceso de absorción de la fuerza nerviosa de la atmósfera te solicito, sobre todo si eres un estudioso del tema relacionado con el magnetismo personal, que tengas en cuenta otra cuestión importante en relación con la fase física del magnetismo personal. Me refiero al aspecto relacionado con la proyección de la fuerza nerviosa más allá de los límites del sistema nervioso.

Recordarás que el fisiólogo promedio sostiene que es una locura afirmar que la fuerza nerviosa pueda sobrepasar e ir más allá de los límites del sistema nervioso que lo contiene. Él sostiene que, como la electricidad en los cables, esta puede pasar solamente a través de los conductos nervios. Pero ¿es esto cierto incluso en el caso de la electricidad? Yo afirmo con total certeza que no lo es.

Hasta el más principiante en el estudio de la electricidad es consciente de que la electricidad "salta" a menudo de una sustancia conductora a otra, atravesando la brecha que las separa en la forma de una chispa para luego introducirse en la nueva sustancia. Una vez más, incluso sin la chispa, la electricidad y el magnetismo afectan a otras sustancias con lo que se conoce como "inducción", sin el contacto real de los dos materiales conductores. Esto es tan común que es una maravilla que la pregunta nunca se plantea. En este sentido, lo que es cierto de la electricidad y el magnetismo es igualmente válido para la fuerza nerviosa, ya que esta no solo saltará a menudo sobre las barreras del sistema nervioso, sino que afectará a otros sistemas nerviosos mediante una "inducción".

El fenómeno del magnetismo personal es una prueba de esta transmisión de la fuerza nerviosa y de los fenómenos del "magnetismo humano" (como se ha llamado) en lo referente a la "curación magnética" —prueba que cualquier individuo podrá obtener de su propia experiencia.

Además, la experiencia de cada individuo da testimonio amplio y generoso de que hay ciertas personas de las cuales fluye una vigorosa fuerza nerviosa e irradian esta energía de una forma 100% perceptible para aquellos que les dan la mano o que tan solo se les acercan. Son individuos que irradian mucha salud y vigor y ejercen un efecto positivo de sanación y revitalización en aquellos con quienes entran en contacto.

De manera similar se manifiesta la falta de suficiente fuerza nerviosa en ciertos individuos que van absorbiendo de manera inconsciente la fuerza nerviosa de los demás y que, en casos extremos, se convierten en verdaderos vampiros, succionando las fuerzas vitales de cuantos los rodean.

¿Quién no ha conocido a esta última clase de personas y no ha notado lo deprimido y debilitado que uno queda después de haber estado en su compañía? Es por esto que afirmo que, en lo referente a este tema, las personas no necesitan ninguna otra prueba distinta a la que les brinda su propia experiencia.

Podrías preguntar: si la fuerza nerviosa es inherente al éter universal y se obtiene de la atmósfera, ¿por qué no todas las personas están dotadas por igual de esta energía?

La respuesta es que los hábitos de vida de los individuos difieren y, así como uno es físicamente fuerte y robusto, y otro es débil y delicado, así también un individuo es fuerte en su fuerza nerviosa y otro débil en ella. Además, es inevitable que un cambio en los hábitos de vida de la persona resultará también en un cambio en la cantidad de fuerza nerviosa absorbida y retenida por ella. De hecho, uno de los propósitos de este libro es instruirte sobre cómo aumentar tu fuerza nerviosa dentro de ti. Es decir, aunque el objetivo aquí es que aprendas a aumentar tu magnetismo personal, no dejarás de notar que tanto tu salud como tu nivel de vigorosidad mejoran.

Además de la cantidad de fuerza nerviosa que está determinada por tus hábitos de vida, también es cierto que tú puedes, mediante los ejercicios apropiados, "energizar" de tal manera tu sistema nervioso que este aumente en gran medida el grado de actividad de tu fuerza nerviosa y hacerla mucho más "disponible" a tus necesidades.

No se trata simplemente de que tengas un abundante suministro de fuerza nerviosa. También se trata de que lo mantengas en una condición activa y de una forma óptima tal que todo este suministro esté fácilmente disponible para cubrir todas las necesidades de tu vida diaria.

5. Magnetismo físico

Recordarás que, cuando has entrado en contacto con algún personaje "fuerte" de cualquier área de la vida —grandes predicadores, abogados, estadistas, oradores, personas de negocios, etc.—, con aquellos cuyo éxito depende del fuerte efecto que ellos producen sobre otras personas, tú has sido consciente de una extraña y a la vez certera sensación de que, sin lugar a duda, ellos irradian fuerza y poder. Pues, en esas ocasiones, lo que realmente has sentido es el poder que provenía de ellos.

También recordarás que este poder no parecía ser nada más un poder mental o una fuerza intelectual, sino también "física". Tan fuerte es este poder en el caso de algunos de los grandes personajes del mundo que ellos parecen ser el "poder de la voluntad personificado" —poderosos centros de energía vitalizada que afectan a todos aquellos con quienes ellos entran en contacto.

Para comprender la diferencia entre este poder y la fuerza y la habilidad intelectual solo es cuestión de pensar en otra clase de personas dotadas de ella, a saber, los grandes estudiosos, escritores, investigadores y muchos otros que han desarrollado un gran poder intelectual. Por regla general, ellas no son personas "magnéticas" —según el estricto significado de este término—. Ellas no irradian ni desechan la fuerza y su elemento del magnetismo físico está prácticamente ausente. Más bien, parecen ser centros de gran energía intelectual, pero nada más.

No me refiero a individuos en los que tanto el aspecto intelectual como el físico están bien equilibrados y combinados entre sí, sino a aquellos que son claramente "mentales" o intelectuales. Me refiero a profesores, predicadores, abogados y estudiosos cuya intelectualidad está bien desarrollada, pero carecen de ese "algo" que impresiona a quienes los rodean. La persona "magnética" posee casi siempre ese algo indefinible que llamamos "fuerza" o energía. Quizá, no se trate de una persona robusta y grande —incluso puede ser alguien escuálido y delgado, de contextura ligera y baja estatura—. El caso es que la gente magnética es como un resorte de alambre enrollado, llena de una latente energía. Por eso, nunca luce débil, decaída o escuálida.

He visto personas magnéticas que yacen delgadas en sus lechos de muerte, debilitadas por la enfermedad. Sin embargo, aun en sus últimos momentos, daban la impresión de irradiar una intensa fuerza, casi "primaveral".

El otro tipo de persona magnética, la de tipo robusto, también da la impresión de poder y fuerza —de un algo interno que almacena e irradia fuerza y poder—. ¿No es así en tu propia experiencia? ¿Alguna vez viste un gran líder —una personalidad magnética— que no transmitiera la imagen de "fuerza" en el sentido físico? Yo no.

Ahora, no estoy afirmando que la fuerza nerviosa física por sí sola constituye el magnetismo personal. Lejos de afirmar algo así, pues hay muchos que poseen e irradian fuerza nerviosa física y no por eso son gente magnética en el pleno sentido de la expresión. Estoy convencido de que la combinación entre magnetismo mental y magnetismo físico es necesaria para producir todo el fenómeno del magnetismo personal, pero insisto en que el magnetismo mental sin su contrapartida física es como una mente con un cuerpo: carece de sustancia y efectividad.

Algunos esotéricos afirman que en la atmósfera personal del individuo —su "aura", la llaman— se encuentran las vibraciones de sus estados mentales y su carácter, y también las vibraciones de su magnetismo físico, de su fuerza, como la he llamado en este libro.

También afirman que, para aquellos que han desarrollado poder psíquico o clarividente, estas vibraciones de la fuerza nerviosa se pueden ver, extendiéndose desde el cuerpo unos dos o tres pies en cualquier dirección, y que en ellos el aura entera tiene forma de huevo. Se dice que dicha aura tiene un débil color violeta —algo así como una pálida llama eléctrica— y palpita y vibra de manera similar a los movimientos de aire caliente que surgen de una estufa o del suelo en un caluroso día de verano.

Otra de sus afirmaciones es que, cuando una persona fuerte está usando su voluntad, esta fuerza nerviosa, llevando consigo su magnetismo mental, esta fuerza se puede ver disparándose en grandes destellos que salen de esa persona y se dirigen hacia otras personas.

Por supuesto, no pretendo poseer esta visión psíquica, pero los testimonios de muchos de mis amigos psíquicos están de acuerdo en este asunto y también con lo escrito por antiguos esotéricos. En cualquier caso, todo aquel que experimente con el magnetismo personal estará convencido de que la fuerza nerviosa o el magnetismo físico actúa de la manera descrita aunque no pueda ser visto por el ojo de la persona común.

Otra información importante proporcionada por los esotéricos —plenamente verificada por mis propias observaciones y mis experimentos, y uno de los pilares fundamentales de mi sistema de magnetismo personal—, se relaciona con el papel desempeñado por la fuerza nerviosa en los fenómenos de telepatía, hipnotismo, influencia mental y fenómenos similares, en los cuales la mente de una persona actúa sobre la mente de otra, lo cual, por supuesto, es una de las características principales del magnetismo personal.

A este punto, hago alusión a lo que bien podría llamarse la "vitalización" de las ondas de pensamiento por la corriente de la fuerza nerviosa, las cuales se proyectan con ella. Las ondas de pensamiento que no son acompañadas por las corrientes de la fuerza nerviosa carecen de fuerza y efecto; y son como el poder mental frío, desprovisto de vida y actividad.

Este concepto será mejor comprendido, mediante ejemplos. Habrás escuchado muchos sermones, discursos o prédicas de personas con marcadas habilidades intelectuales, cuya mente está llena de ideas positivas y acertadas; sin embargo, sus locuciones suelen ser muertas, aburridas, incoloras y sin ánimo alguno, ¿verdad? Les falta la vida, el vigor y el brillo de otros oradores incluso con menor poder intelectual, ¿cierto?

También habrás notado que la personalidad de algunas figuras intelectuales reconocidas carece de "vida", mientras que otras personas menos dotadas irradian dinamismo y fuerza, y, por consiguiente, potencia magnética.

Bueno, estos ejemplos representan *la* diferencia entre las simples ondas de pensamiento y las ondas de pensamiento acompañadas de una enorme carga de fuerza nerviosa. El pensamiento simple carece de "cuerpo" y fuerza vitalizadora, mientras que el otro posee estas cualidades en abundancia. Piénsalo bien hasta que lo "entiendas", porque en ello se esconde uno de los dos grandes secretos del magnetismo personal.

Una persona en la que la fuerza nerviosa está presente activamente, que ha adquirido ya sea de modo consciente o inconsciente el arte de combinar esta fuerza con sus ondas de pensamiento, enviará palabras e ideas cargadas de fuerza dinámica, alcanzando y afectando a aquellos con quienes estas entran contacto.

Como una granada explosiva de alta potencia, la fuerza nerviosa conduce la onda de pensamiento como una bala a su objetivo, golpeando el blanco con un impacto tremendo y causando una impresión poderosa en la mente de quienes la reciben.

Hay personas cuyas palabras parecen bastante vivas, cuyas acciones sobre la mente de los demás son vitales. Estas personas tienen una fuerza nerviosa o un magnetismo físico muy activo, que usan en conexión con sus corrientes mentales. Por consiguiente, despliegan esta fuerza combinada hacia sus audiencias y estas terminan sintiéndose como "levantadas del suelo", debido al uso de este poder.

Los grandes líderes suelen desarrollar esta fuerza nerviosa al máximo y saben emplearla eficazmente. Cuando hablan, los demás se sienten casi obligados a acatar sus conceptos e incluso sus órdenes. Julio César y Napoleón Bonaparte son dos ejemplos notables del uso de este poder; pero, de hecho, toda persona que mueve y gobierna a otras personas es un ejemplo digno de estudio.

Los estudiosos del tema del magnetismo personal deberían, si es posible, ponerse en contacto con esta clase de personas, para que puedan ver —o más bien, sentir— por sí mismos el efecto de esta poderosa fuerza que emana de estos individuos. Entonces, comprenderán mejor el papel que juega la fuerza nerviosa en lo relacionado con la influencia personal y el magnetismo personal. De ese modo, estarán más decididos a desarrollarla en su propia vida.

Algunas personas parecen naturalmente predispuestas a absorber, almacenar y utilizar al máximo su fuerza nerviosa de magnetismo físico. Tales personas son muy afortunadas, porque se ahorran a sí mismas la molestia de cultivar estos procesos. Otras personas no poseen este don innato, pero pueden, por medio de la práctica y la perseverancia, desarrollarlo en sí mismas. Más aún, pueden llegar a superar a las personas naturalmente dotadas de él, pues estas no entienden la fuente o la naturaleza de su poder y son capaces de descuidarlo o abusar de él, mientras que las personas que lo desarrollan en sí mismas, según las reglas, y con un entendimiento completo de ello, lo tienen como una herramienta siempre "al alcance de la mano". Incluso, saben recuperarse de posibles "excesos de drenaje" de su sistema nervioso.

> *El conocimiento es poder. Es una facultad cultivada y desarrollada, a menudo, mucho más efectiva que una facultad innata en un individuo que, a pesar que la posee, no sabe que la tiene o no la comprende ni la usa.*

A partir del próximo capítulo, me propongo brindarte unas pautas claras y sencillas, útiles para incrementar la fuerza nerviosa, la acumulación de esta, además de algunas técnicas para que hagas una proyección consciente de ella y vitalices así tus corrientes mentales.

El proceso es bastante natural y no requiere de que participes en ceremonias místicas ni en nada parecido. Se basa en principios puramente fisiológicos y está en total concordancia con las leyes naturales. Una vez que hayas adquirido el arte y la ciencia de la absorción y el almacenamiento de la fuerza nerviosa, te sorprenderás de que nunca hayas pensado en ello antes.

Cuando adquieras esta habilidad, serás consciente de que eres un centro de una enorme energía y también serás consciente de tu poder, debido al efecto que ejerces sobre otras personas y no solo en el tema del magnetismo personal, sino también en lo referente a impartir las vibraciones de tu fortaleza y energía.

Notarás que otras personas percibirán algo que las sorprenderá en tu apretón de manos o en tu contacto con ellas. Lo más seguro es que ellas no entenderán qué es lo que las impacta, pero serán conscientes de que, al conectar contigo, una extraña y a la vez positiva energía las impregna.

De modo que, cuando esto suceda, lo mejor será que mantengas en secreto esta capacidad que te acompaña y que evites todo temor de que hay algo fuera de lo común en ti. Tu deseo es generar confianza, no miedo —y las cosas extrañas y misteriosas causan temor, no confianza.

Así que ¡guarda tus propios secretos!

6. Generando fuerza nerviosa

Haciendo referencia al primer párrafo del Capítulo 4, verás que he separado la fase física del magnetismo mental en dos manifestaciones coordinadas. Ahora, describiré la primera: la generación dentro del sistema nervioso de un abundante suministro de fuerza nerviosa.

En este contexto, la palabra "generación" transmite de modo imperfecto la idea del proceso real de adquisición de la fuerza nerviosa dentro del sistema nervioso, pues el proceso real es más cuestión de "absorción" y "distribución" que de "generación". Sin embargo, debido a que la idea de "generación" transmite una imagen más sencilla del proceso, utilizaré este término, sobre todo, porque muchos de los antiguos escritores de lo oculto solían utilizarlo en este mismo contexto.

El proceso de generación de la fuerza nerviosa consta de dos fases distintas, aunque coordinadas, a saber:

1. La absorción de una cantidad extra de fuerza nerviosa de la atmósfera por formas especiales de respiración.
2. La distribución de esta fuerza nerviosa a los grandes centros del sistema nervioso los cuales actúan como sus reservorios.

Veamos en qué consisten estas dos fases respectivas, en su orden.

La primera fase de la generación de la fuerza nerviosa consiste en la *absorción* de un suministro extra de fuerza nerviosa que se encuentra en la atmósfera, mediante formas especiales de respiración.

Todas las personas absorbemos constantemente la fuerza nerviosa de la atmósfera, mediante el proceso de la respiración. La cantidad absorbida depende de cada individuo y sus hábitos respiratorios. Habrás notado que las personas vigorosas, fuertes, casi siempre respiran de manera profunda y continua, mientras que las personas débiles respiran de modo parcial e irregular.

Existe una conexión muy estrecha entre la respiración profunda y continua y la salud física general y la fuerza, pero no voy a tocar esta fase del tema aquí, pues no es del caso hacerlo. Mejor, me limitaré a dar una pista que estoy seguro que los sabios sabrán aprovechar.

Sin querer guiarte a las sutilezas de la sicología oriental y sus complicadas formas de respiración en el proceso del desarrollo psíquico y espiritual. Debo llamar tu atención en lo relacionado con la filosofía que subyace en algunas de las prácticas respiratorias orientales, dado que estas se basan en principios científicos sólidos.

La filosofía oriental enseña que cada estado mental y físico del individuo está representado por un tipo especial de respiración en la cual el ritmo y la condición están en continua relación.

La condición mental o física manifestará invariablemente el ritmo particular de la respiración del individuo. De la misma manera (y este es uno de los secretos ocultos), asumir deliberadamente un ritmo de respiración en particular de inmediato le dará lugar a la manifestación de la condición física o mental apropiada.

Analiza esta afirmación por un momento y notarás que, cuando te asustas o te enojas, respiras con un ritmo diferente que cuando estás tranquilo y en paz. Verás que cada emoción tiene su ritmo apropiado de respiración y este se manifiesta en el mismo instante en que surge la emoción. Además, diferentes condiciones físicas se manifiestan en ritmos de respiración coordinados. Mantén una estrecha vigilancia en ti mismo y en quienes te rodean y te aseguro que pronto verás que lo anterior es estrictamente correcto. Más bien, te preguntarás por qué no habías notado estos fenómenos antes.

Un poco menos conocido resulta el hecho correlacionado de que asumir o "actuar" deliberadamente el ritmo respiratorio particular relacionado con una emoción particular resultará en una rápida experimentación de esa emoción. Esto también lo puedes comprobar en ti mismo.

Comprobarás que unos momentos de respiración de ira o de miedo (si los actúas bien o los asumes correctamente) resultarán en que pronto experimentarás un sentimiento de ira o miedo, según sea el caso. Del mismo modo, comprobarás que, si asumes deliberadamente el ritmo de respiración de paz, calma, autocontrol, este será suficiente para inducirte a ese estado de sentimiento en particular. Por cierto, hay una gran "pista" o indicio en esta última afirmación, porque eso es exactamente lo que hacen los sabios orientales para inducir y mantener el estado mental de calma filosófica que los caracteriza.

A este respecto, permíteme resaltar que, cuando te esfuerzas por controlar tu temperamento y mantener tu equilibrio ante una provocación extrema, notarás que, instintivamente, lo primero que haces es controlar tu ritmo respiratorio, a punto de estallar en un estado de rápido jadeo y ahogo. Entonces, siempre y cuando puedas mantener tu ritmo controlado y constante de respiración, mantendrás tu equilibrio y autocontrol.

Haciendo corta una larga historia —para llegar a la esencia del tema de la absorción de la fuerza nerviosa a través del ritmo respiratorio controlado—, te diré que:

1. Hay un ritmo de respiración que la naturaleza utiliza para restaurar la fuerza nerviosa al sistema cuando este se ha "agotado", debido, por ejemplo, a una fuerte tensión mental o emocional o después de una tensión física severa.

2. Asumir o "actuar" de manera intencional y deliberada este ritmo de respiración en particular resultará en que seas capaz de absorber a gran velocidad un suministro enormemente aumentado de fuerza nerviosa con el propósito de usarlo en el magnetismo personal —de hecho, para llenarte de magnetismo físico.

¿Captas este punto? Si no es así, vuelve a leer el párrafo anterior varias veces hasta que entiendas por completo la importancia de las declaraciones contenidas en él, porque afirman gran parte de la filosofía de la generación de la fuerza nerviosa —y mucho más, si eres capaz de entenderlo.

En este punto, te preguntarás: ¿Cuál es este ritmo de respiración en particular que la naturaleza usa para ayudarnos a recuperarnos y que podemos "asumir" con tan maravilloso resultado?

Muy bien, te contestaré con otra pregunta: ¿Cómo respiras cuando empiezas a recuperarte justo después de una severa tensión emocional, mental o física, una vez se calma esa característica primera respiración jadeante?

Si observas con cuidado, responderás que, por lo general, el proceso de calma comienza con una o dos respiraciones largas y suspiradas, seguidas de un período de respiraciones tranquilas, deliberadas, lentas y profundas.

Puede que no lo hayas notado, pero estas últimas respiraciones calmadas y profundas están marcadas por un ritmo lento y a la vez regular, tan regular, de hecho, como el lento balanceo del péndulo de un reloj grande o como el tic-tac que lo acompaña. Verás que esta respiración rítmica, lenta y regular continúa por un tiempo hasta que te sientes renovado y revigorizado; entonces, la respiración entra de nuevo en el ritmo normal "cotidiano" y la tarea de calmarte ha terminado.

Bueno, este es exactamente el ritmo de respiración que, si lo asumes apropiadamente y lo "actúas", te dará un suministro mucho mayor de fuerza nerviosa desde su depósito universal, es decir, desde la atmósfera a tu alrededor.

Ahora, te pido que te detengas y releas el párrafo anterior. Analízalo con sumo cuidado, dale vueltas en tu mente hasta que entiendas por completo su enorme significado y lo introyectes o internalices a fondo en tu mente. Estas líneas condensan la afirmación de una verdad maravillosa que, si la aprovechas, te transformará en un gigante del magnetismo físico. De modo que no sigas adelante con esta lectura hasta que hayas captado al máximo la gran importancia de esta información que acabo de darte.

Te pediré algo más y es que no te imagines que podrás saltar de inmediato a disfrutar de este gran poder. Primero, deberás adquirir poco a poco el ritmo exacto de respiración para ti, pues yo no puedo hacer más que indicártelo. No puedo decirte: "Respira en tan solo x cantidad de segundos, contén el aliento solo x cantidad de segundos y luego exhala en solo x cantidad de segundos" y así sucesivamente, como muchos maestros han hecho hasta ahora.

Cada persona tiene su propio ritmo de respiración. La diferencia se deriva de la formación y de las características mentales o físicas de cada uno de nosotros.

La siguiente es la regla —la única regla— en este tema:

Primero, comprueba el ritmo preciso de respiración que la naturaleza te ha dado para que lo uses en momentos de recuperación, después de una tensión mental, emocional o física extrema.

Segundo, practícalo de manera deliberada e intencional, asumiendo o actuando las condiciones mentales y físicas que producen este ritmo de respiración adecuado. Hazlo hasta que este se fije en tu memoria, de modo que puedas reproducirlo fácil e instintivamente, cuando lo desees.

Te recomiendo leer esta regla hasta que la entiendas en toda su magnitud y profundidad. Al principio, encontrarás algo difícil asumir o actuar las condiciones que producen este ritmo, a menos que seas un actor natural o bien entrenado. Pero sigue intentándolo hasta que lo domines. Recuerda que la práctica lleva a la perfección, en esto como en todo lo demás.

Colócate mentalmente en las mismas vibraciones como cuando has estado bajo una gran tensión de tu mente, tus emociones o tu cuerpo y verás que esa misma tensión será seguida por una "actuación" tuya del que es tu período de recuperación, acompañada del ritmo respiratorio apropiado.

Cada uno manejará esta técnica a su propia manera y conseguirá el resultado deseado, siempre y cuando haga un esfuerzo persistente y perseverante.

Verás que la primera indicación del ritmo respiratorio de recuperación suele ser un suspiro prolongado, seguido de un momento de reposo que a su vez es seguido por una sucesión fácil, aunque profunda, lenta y deliberada de inhalaciones y exhalaciones a un ritmo perfecto, acompañado de un sentimiento de mayor fuerza y vitalidad de mente y cuerpo. Es maravilloso experimentar este refrescante sentimiento de alivio, acompañado del vigor, la vitalidad y la fortaleza que resultan de este ritmo de respiración.

Sin embargo, al practicar este ritmo de respiración recuperativo con el propósito de descansar, ganar fuerza o aumentar tu reserva de fuerza nerviosa, no caigas en el error demasiado común de la respiración artificial rítmica. No cometas el error de tratar de contar los segundos de la respiración o de hacer que las respiraciones se extiendan durante un tiempo determinado o que coincidan exactamente entre sí o de retener la respiración en algún momento en particular o de contar el tiempo entre respiraciones o cualquier práctica de ese tipo. Olvídate de los estándares artificiales y abandónate por completo a una tranquila y pacífica sensación de alivio y recuperación que la naturaleza te otorgará si tú creas las condiciones adecuadas para la manifestación de su poder.

En otras palabras, no seas artificial —confía en que la naturaleza "hará bien su parte" y deja todo en sus manos—. No te molestes en preguntarte cuántas veces al día debes practicar este ejercicio con el fin de obtener magnetismo físico y absorber fuerza nerviosa. Abordaré este aspecto en un capítulo posterior, junto con el proceso que lo acompaña (la distribución de la fuerza nerviosa). Lo único que necesitas por ahora es aprender a producir este ritmo de respiración y practicarlo hasta que seas capaz de producirlo según tu voluntad, fácil y naturalmente, sin esfuerzo o desgaste —de manera instintiva—. Hasta que logres esto, no es necesario que te molestes en entender y practicar las etapas posteriores.

Ahora, una sugerencia con respecto a la práctica de este paso. No te apures. Ve "despacio que tienes prisa". Esta es una cuestión de crecimiento y desarrollo, así que no tiene sentido que trates de precipitar y seguir demasiado rápido este proceso. Mejor, deja que la naturaleza proceda a hacer el proceso instintivo y no caigas en el error de "arrancar la planta que sembraste ayer para ver si creció durante la noche". Crecerá. No te preocupes. Lo sabrás cuando estés en el camino correcto y serás consciente de tu progreso, ya que experimentarás niveles más altos de vigor, vitalidad y fortaleza.

En últimas, recuerda que el secreto de todo esto es que has descubierto cómo la naturaleza misma se encarga de "recuperar" tu sistema en tiempos de extrema necesidad. Aprendiste a aprovechar estas fuentes de energía según tu voluntad, aumentando así tu provisión muy por encima de lo normal.

Es como si hubieras descubierto una botella que contenía el elixir de energía que la Madre Naturaleza en su bondad usa para recuperarte en tiempos de necesidad; aprendiste que podías tomar de este elixir todos los días o cuando quieras, con lo cual aumentarás tu energía y vitalidad muy por encima del promedio.

Esta comparación o metáfora no es exagerada, porque en este secreto has descubierto el elixir de la vitalidad, el vigor y la fortaleza. Claro, si lo usas bien.

7. Distribuyendo la energía nerviosa

En el capítulo anterior, te di instrucciones generales sobre la primera fase de la fuerza nerviosa, teniendo en cuenta ciertas formas de respiración rítmica. Ahora, procedo a darte las instrucciones relacionadas con la segunda fase de la generación de la fuerza nerviosa, a saber, la distribución al sistema nervioso y más que todo a los grandes reservorios de fuerza nerviosa — de la fuerza nerviosa absorbida.

Como es obvio, este proceso de distribución de la fuerza nerviosa sigue después del proceso de absorción de la fuerza nerviosa, siendo ambas dos fases coordinadas de uno de los procesos recuperativos de la naturaleza.

Al igual que el *proceso del ritmo respiratorio restaurador* es la forma en que la naturaleza le provee al sistema un suministro fresco de fuerza nerviosa (para reemplazar la usada en la tensión extraordinaria, sea mental, emocional o física que la precede), este *proceso de absorción* de fuerza nerviosa es otro método (análogo) de la naturaleza para:

- Distribuir la fuerza nerviosa absorbida a todas las partes del cuerpo, fortaleciendo, revigorizando y estimulando todas y cada una de ellas.
- Almacenar en los grandes reservorios del sistema nervioso un suministro de reserva de fuerza nerviosa para tiempos de necesidad.

Una vez más, te preguntarás: ¿Cómo distribuye la naturaleza la fuerza nerviosa absorbida como acabo de leer? Esta también es la forma en que podemos decir que los estudiosos del magnetismo personal distribuyen su fuerza nerviosa absorbida o su magnetismo físico.

Al igual que en el caso de la pregunta anterior, yo respondo: necesitas observar a la naturaleza misma y descubrir su método.

Entonces, hagámoslo.

Investigando el método que usa la naturaleza para distribuir el magnetismo físico o la fuerza nerviosa, ¿qué es lo que vemos que hace la naturaleza justo después de que la persona se agota al hacer un esfuerzo mental, emocional o físico —es decir, además del peculiar ritmo respiratorio?

Respuesta: acompañando al profundo suspiro que precede al ritmo respiratorio, y también, siguiendo la respiración rítmica, observamos una tendencia a "estirar" los músculos del cuerpo. No solo notamos este fenómeno en esos momentos, sino también cuando nos despertamos con un bostezo, seguido por un estiramiento instintivo de los músculos.

Lo mismo observamos después de haber utilizado la fuerza nerviosa en escuchar, leer, estudiar, etc. De hecho, en cualquier acción que requiera de atención concentrada. Siempre ocurren, primero, el bostezo; luego, el suspiro profundo, la respiración medida y, por último, el estiramiento de los músculos.

Ahora, no descartes esto como si fuese broma o con una sonrisa divertida, pues este estiramiento de los músculos es una de las tareas más importantes de la naturaleza. Es la mejor forma en que la naturaleza distribuye a todas las partes del cuerpo la fuerza nerviosa que se absorbe en el sistema. Es la forma propia de la naturaleza de enviar una corriente vivificante y vigorizante a los lugares en los que esta se necesita. Y, además, si la tomamos en serio, examinamos el significado de su proceso y luego lo aplicamos con inteligencia en nuestro trabajo de desarrollo del magnetismo físico, habremos descubierto y aplicado un importante secreto de la naturaleza, del cual no estaremos dispuestos a separarnos una vez que lo apliquemos y veamos sus resultados.

En primer lugar, este "estiramiento" es mucho más que una simple manifestación de pereza, cansancio o fatiga. Es una acción instintiva que resulta del reconocimiento —por parte de la naturaleza— de la necesidad de un suministro fresco de fuerza nerviosa y de su compromiso por suministrar la energía necesaria.

Sin embargo, no confundas las causas y los efectos en este asunto. Notarás, en casos de "estiramiento" completo, un doble movimiento, a saber:

1. Una extensión.
2. Una tensión o contracción de los músculos, en dirección a contrear los miembros extendidos o partes del cuerpo.

Ahora, nota que ambos movimientos son formas de "tensionar" o contraer los músculos. Los movimientos de extensión resultan de la tensión o contracción del conjunto opuesto de músculos. Los principales músculos del cuerpo están organizados en conjuntos opuestos: un conjunto se utiliza para "empujar" hacia fuera y el otro para "contraer" hacia adentro la extremidad o porción del cuerpo de que se trate. Siempre puedes contar con la presencia de estos conjuntos opuestos de músculos.

En el proceso de estiramiento, cada vez que extiendes y luego contraes tus miembros, en realidad estás tensando los dos conjuntos opuestos a la vez. ¿Con qué propósito? Veamos.

El propósito de la naturaleza al tensar los músculos opuestos parece ser el de "exprimir" algo de los músculos. Eso es exactamente lo que es: un exprimir de algo. ¿De qué? De la fuerza nerviosa del magnetismo físico que ya está envejecida, viciada y debilitada.

¿Por qué? ¿Con qué propósito? Con el propósito de que el suministro de fuerza nerviosa o magnetismo físico fresco, vital y fuerte entre en el cuerpo y tome su lugar.

Esto es igualmente cierto en el caso del agotamiento cerebral, el agotamiento nervioso y el agotamiento muscular, pues las células cerebrales, los propios nervios y los músculos se mantienen vitalizados y vigorosos, gracias a la misma forma de energía, procedentes de la misma fuente.

Por otra parte, el suministro fresco de fuerza nerviosa que llega a los músculos y a las células, desde los grandes reservorios de fuerza nerviosa del sistema nervioso, dejan a estos últimos más o menos vacíos, provocando que pidan un suministro fresco y adecuado de la fuente universal. En breve, el proceso de estiramiento pone en funcionamiento toda la maquinaria de la distribución del suministro del sistema de fuerza nerviosa y da como resultado que todo el mecanismo nervioso reciba un nuevo ímpetu.

Este es el secreto del método de quien practica el magnetismo personal para distribuir un suministro fresco de magnetismo físico o fuerza nerviosa a todas las partes del sistema, según su voluntad, convirtiéndose así en un verdadero dinamo de magnetismo físico, si así lo desea. Pero hay más en este método que el simple "estiramiento" cotidiano, te lo aseguro. El estiramiento es tan solo una forma elemental de distribución de fuerza nerviosa.

Lo más probable es que hayas oído hablar de esa forma de calistenia conocida como "ejercicios de tensión". Bueno, en ese sistema encontrarás la semilla de un sistema mucho más eficiente.

El sistema tensor de la calistenia se enseña con el propósito de ejercitar los músculos. Solo para esto y nada más. Se ha descubierto que produce los mejores resultados, desarrolla los músculos y beneficia el sistema en general. ¿Por qué? "¡Oh, es solo ejercicio!", responde el culturista físico. Pero no es tan así, porque, al mismo tiempo que comprendemos el beneficio obtenido de estos ejercicios, también entendemos cómo un tipo de ejercicio tan racional debe resultar en vigorizar todo el sistema, distribuyendo la fuerza nerviosa, en consecuencia, produciendo la absorción de un nuevo suministro a los grandes centros de reserva del sistema nervioso, ¿no?

Tenemos tres puntos de ventaja decisivos sobre la disciplina del "ejercicio de tensión". Veamos:

1. Precedemos a nuestros ejercicios de tensión con ejercicios de respiración rítmica, trayendo así a nuestros reservorios un nuevo suministro de magnetismo o fuerza nerviosa.

2. Procedemos de manera tranquila y casi "perezosa", pues nuestra idea es hacer "estiramiento", opuesta a la idea del ejercicio vigoroso mediante la tensión, siendo esta última sostenida por la escuela de "ejercicio de tensión".

3. Comprendemos la verdadera razón de la tensión y, por lo tanto, somos capaces de aplicarla con inteligencia, en lugar de hacerlo mediante el estilo de prueba y error.

Por supuesto, la adición de la respiración rítmica le da un ímpetu novedoso al trabajo de la distribución de la fuerza nerviosa. De hecho, es imposible realizar este último sin el primero. El practicante de ejercicios tensores ordinarios deja esto de lado casi por completo, excepto en la medida en que se fatiga por su vigoroso ejercicio y, como consecuencia, se ve obligado a respirar rítmicamente, obteniendo inconscientemente al menos algunos de los beneficios de la respiración rítmica.

Entonces, una vez dada nuestra clave de la respiración rítmica, quien practica los ejercicios tensores ordinarios está capacitado para obtener resultados que antes le resultaban imposibles; así que este ya es un gran avance. Mis estudiantes de magnetismo personal —en referencia a los ejercicios de distribución de fuerza nerviosa, o magnetismo físico— proceden de una manera 100% diferente a la del practicante ordinario de los sistemas de ejercicios tensores.

Estos últimos trabajan en una condición agotadora, bajo la creencia de que sus músculos se desarrollarán mejor mediante un ejercicio tan vigoroso. Como consecuencia, muchos de ellos consumen tanto como adquieren de desarrollo muscular.

En cambio, mis estudiantes no realizan un curso extenuante de ejercicios en tensión. En lugar de moverse vigorosamente, proceden lentamente, con calma y casi "perezosamente" a tensar los músculos, extendiéndolos y contrayéndolos a su vez. Todo el tiempo, mantienen en su mente los procesos de estiramiento propios de la naturaleza y modelan sus movimientos basándose en ellos.

De esta manera, no hay agotamiento o un uso marcado de la fuerza nerviosa o los tejidos, sino que, por el contrario, hay un constante flujo y una distribución del magnetismo desde los centros hacia las partes y, en consecuencia, un marcado incremento en vigor, vitalidad y potencia. La diferencia solo puede entenderse perfectamente cuando uno practica mis ejercicios por sí mismo.

Por último, se deduce que un efecto mucho mayor lo obtiene aquel que practica cualquier forma de ejercicios, comprendiendo y teniendo pleno conocimiento del "por qué" y del "cómo" del asunto, tanto de la teoría como de la práctica.

Cuando uno sabe con exactitud de qué se trata lo que desea y espera obtener, entonces, ya ha ganado la mitad de la batalla. Al carecer de este conocimiento, pierde energía y esfuerzo y termina haciendo mucho de lo que hubiese sido mejor dejar de hacer, dejando sin hacer mucho de lo que debió hacer.

En verdad, "el conocimiento es poder", tanto en este caso como en muchos otros.

Es divertido, aunque triste, ver a estas personas que promueven los "ejercicios de tensión", dedicándose a ejercicios vigorosos y al mismo tiempo perdiendo un alto porcentaje de los beneficios obtenidos por los practicantes de los ejercicios de estiramiento "perezoso", acompañados por la respiración rítmica, tal como yo se la enseño a mis discípulos.

8. Ejercicios de fuerza nerviosa

———— ·•—●—•· ————

Ahora, te instruiré en ciertas formas de actividad física diseñadas para generar fuerza nerviosa o magnetismo físico, tanto en la fase de absorción como en la de distribución, de acuerdo con los principios generales expuestos en los capítulos anteriores.

La absorción

En sí mismos, los ejercicios están diseñados para darle una distribución libre y total a la fuerza nerviosa también nombrada magnetismo físico, pero siempre debes recordar que, antes de que la fuerza nerviosa puede ser distribuida, primero, debe ser absorbida. La absorción, por supuesto, se realiza por medio del ritmo de la respiración, de acuerdo con las instrucciones ya dadas.

IMPORTANTE: recuerda que cada serie de ejercicios de distribución debe estar precedida y seguida por la práctica de la respiración rítmica durante unos momentos. También será beneficioso y útil intercalar de vez en cuando un breve período de respiración rítmica entre estos ejercicios. Pronto, descubrirás la necesidad de esto, con tus propios sentidos. Después de que hayas adquirido familiaridad y facilidad en la práctica de los ejercicios de distribución, verás que te vas haciendo muy sensible al influjo de la fuerza nerviosa durante el ejercicio de ritmo respiratorio y en poco tiempo sabrás —por medio de tus sentidos— exactamente cuándo necesitas absorber más fuerza nerviosa durante el ejercicio.

En este punto, quiero recordarte una vez más que una de las principales características de mis ejercicios de fuerza nerviosa es la ausencia total de artificialidad y la presencia de "naturalidad". No te doy formas "fijas" de respiración para que las practiques con determinada regularidad, durante determinados minutos a la vez. Más bien, te doy los principios generales del método, el "por qué" y el "cómo"; luego, la solicitud que te hago es que te rijas por completo por tus propios instintos en cuanto a la duración de los ejercicios y a la frecuencia de ellos.

Después de un corto tiempo, desarrollarás el hábito de manera natural, al igual que con los hábitos de comer y beber; sabrás con exactitud cuándo debes practicar la generación de la fuerza nerviosa y cuánto tiempo deberás continuar con los ejercicios.

Mantén la idea de "ser natural" y no te equivocarás. Nunca te excedas en los ejercicios ni te obligues a realizarlos cuando no lo desees. Evita cualquier cosa que se acerque a la artificialidad en el asunto. A veces, es posible que pases mucho tiempo sin practicar; otras veces, sentirás la necesidad de practicar con mucha frecuencia; en cualquier caso, sigue los impulsos de la naturaleza. A veces, tendrás ganas de hacer solo un poco de ejercicios a la vez, —como cuando lo que quieres es tomar solo un sorbo de agua—, mientras que en otras ocasiones sentirás deseos de hacer ejercicio de forma prolongada, —como cuando tomas mucha agua, porque estás muy sediento—. Así que, en ambos casos, está bien obrar de acuerdo a tu necesidad.

EJERCICIO DE ESTIRAMIENTO. Comenzaré llamando tu atención sobre una forma de ejercicio que consiste en un simple "estiramiento" inteligente, pero que es un ejercicio muy beneficioso.

Hay una variedad de formas de este ejercicio. Te daré algunas y tú podrás ampliarlas e inventar combinaciones, variaciones, etc.

1. Acostado de espaldas, extiende los brazos en toda su extensión hacia arriba, sobre tu cabeza; estíralos sin esforzarte, pero por completo y hasta donde te sea posible. Luego, tira lentamente de ellos. Repite varias veces.
2. Estira los brazos hacia los lados del cuerpo —hacia afuera y luego adentro, varias veces.
3. Estira las piernas de la misma manera, varias veces.
4. Estira el cuello varias veces.
5. Estira la mano y los dedos, moviendo las manos hacia atrás y hacia adelante desde la muñeca, apretando y soltando el puño, abriendo y cerrando los dedos.
6. Estira los pies y los dedos de los pies del mismo modo que hiciste con las manos y los dedos.
7. Da la vuelta y recuéstate sobre tu estómago, con la cara hacia abajo sobre la almohada o el piso y repite el ejercicio anterior en esta posición. De este modo, entrarán en acción una cantidad de músculos no empleados en la posición anterior.
8. Ponte de pie y párate con las piernas extendidas, los pies separados al menos un metro, con los brazos extendidos hacia arriba y hacia afuera.
9. Luego, ponte de puntillas y estírate hacia arriba como si estuvieras tratando de tocar el techo.

Repite varias veces.

Te sorprenderá la sensación de descanso y fuerza renovada que experimentarás como resultado de la práctica de los ejercicios de estiramiento anteriores. Por simples que sean, estos ejercicios realizan un gran trabajo. No debes perder de vista el hecho de que, cada vez que tensas estos músculos, en el acto de estirar y luego contraer las extremidades, reactivas tu organismo y absorbes de los grandes reservorios del sistema nervioso un nuevo suministro de vigor, vitalidad y dinamismo.

Trae a tu mente la idea de la esponja que, para absorber por completo un suministro de agua fresca, primero, debe ser completamente exprimida. El proceso de absorción y distribución de la fuerza nerviosa está muy cerca del proceso de exprimir y rellenar la esponja. Los siguientes "ejercicios de tensión" son una extensión de los ejercicios de estiramiento, más elaborados y complicados, pero que incorporan el mismo principio. Son útiles para energizar las diversas partes del cuerpo que no se energizan activamente con los simples ejercicios de estiramiento.

1. Hombros y pecho. Ponte de pie; pies juntos; brazos a los lados. Luego, mueve los hombros hacia adelante todo lo que puedas. Mantén la posición un momento y luego presiona lentamente los hombros hacia atrás todo lo que puedas. Esto tenderá a energizar los hombros y el pecho.

   El pecho también recibirá energía mediante respiraciones profundas y completas que inflarán los pulmones y extenderán el pecho. Los hombros también serán energizados, levantándolos hacia arriba en un "encogimiento de hombros" y luego lentamente, bajándolos a su posición original.

2. Brazos, muñecas y manos. Cualquier ejercicio simple, que extienda y luego contraiga los músculos del brazo, servirá para energizar los brazos. Gíralos primero en un sentido y luego en el otro; también lograrás lo mismo. Además, girar

la muñeca y mover las manos ligeramente hacia atrás y adelante desde la muñeca tiende a energizar varios músculos y nervios muy importantes en esta parte del cuerpo.

Apretar y abrir las manos energizará las manos y los dedos. Extender los dedos en forma de abanico y luego unirlos energizará los dedos completamente.

3. Piernas, pies y dedos de los pies. Sigue la idea general de los ejercicios de brazos y manos que acabamos de mencionar para las piernas, los pies y los dedos de los pies. Hacer "cuclillas" energiza los muslos. Levantar los dedos de los pies y luego bajar a la posición original energiza las pantorrillas de las piernas. El ejercicio de "correr sin moverte" es un buen energizante de la pierna en general.

4. Cuello. Mueve el cuello hacia adelante, tanto como sea posible. Luego, hacia atrás, hasta donde sea posible; luego, hacia los lados, hacia la derecha, hasta donde sea posible; luego, hacia la izquierda de la misma manera; luego, gira hacia la derecha todo lo que puedas; luego, hacia la izquierda de la misma manera. Estos son espléndidos estimulantes del cuello. Hay nervios importantes que corren por el cuello, que se energizan con estos ejercicios.

TORSIÓN Y FLEXIÓN. La que podría denominarse "una torsión" de las diferentes partes del cuerpo sirve para energizarlas muy bien. Lo mismo ocurre con los ejercicios de "flexión".

No solo podemos girar las piernas y los brazos de manera fácil y efectiva, sino todo el tronco: por ejemplo, ponte de pie con los pies separados a unas ocho o diez pulgadas, con los dedos extendidos y los brazos colgando a los lados; luego, gira suavemente el cuerpo hacia la derecha, llevando el cuello, el tronco y los muslos lo más lejos posible; luego, gira hacia la izquierda de la misma manera; haz esto mismo varias veces. Ahora, dobla o flexiona el cuerpo hacia la derecha; luego, hacia la izquierda; luego, hacia adelante; luego, hacia atrás. Este es un buen estimulante.

En resumen, los ejercicios anteriores podrían ser material más que suficiente para escribir un libro, pero ¿para qué? He resumido los principales elementos de los ejercicios y tú mismo puedes hacer variaciones de ellos. De hecho, resumiré los principios generales de estos ejercicios en tres palabras: *estiramiento, torsión y flexión*. Piensa en estas tres palabras y verás que, si las aplicas de todas las maneras posibles a las distintas partes del cuerpo, tendrás todo un sistema de ejercicios de tensión a tu disposición, sin tener que comprar libros caros sobre el tema.

Recuerda también que, en cualquiera de los llamados "ejercicios de tensión" se encuentra el mejor principio posible de distribución de la fuerza nerviosa, practicando siempre la respiración rítmica, según las instrucciones que te acabo de dar.

Ahora, ponte a trabajar y ejercita tu ingenio para idear variaciones y combinaciones de los principios de "estiramiento, torsión y flexión". Esta actividad energizará tu mente y tu cuerpo.

Energizando el plexo solar. El plexo solar se encuentra exactamente detrás de la boca del estómago. Lo energizarás al practicar un "estiramiento" de los músculos abdominales. Te resultará un poco difícil al principio, pero, con un poco de práctica, lo harás a la perfección. Es cuestión de que lleves los músculos abdominales hacia adentro y hacia arriba varias veces en cada respiración.

El plexo sacro. El plexo sacro es otro plexo importante y un gran centro de la fuerza nerviosa. Está ubicado frente a la parte inferior de la columna vertebral, en la región de las caderas. Lo energizarás por medio de un estiramiento especial, junto con la flexión y torsión de esa región particular del cuerpo.

En caso de pérdida de vitalidad o debilidad general, un poco de energía extra de estos dos plexos será de gran provecho, ya que ambos afectan directamente a grandes regiones del cuerpo y a órganos importantes.

Proyectando la fuerza nerviosa

Al comienzo del Capítulo 4, afirmé que la fase física del magnetismo personal depende de dos manifestaciones coordinadas de la fuerza nerviosa, a saber:

1. La generación de fuerza nerviosa.
2. La proyección consciente, por voluntad propia, de ese suministro de fuerza nerviosa en la atmósfera personal e incluso a una distancia mayor en condiciones especiales.

Ya he hablado sobre la fase de generación de la fuerza nerviosa. Veamos ahora la segunda fase, es decir, la proyección de la misma.

De todas las fuerzas mentales del individuo, la voluntad es la más poderosa y, al mismo tiempo, la menos entendida. Incluso es difícil definirla. Es suficiente para nuestro propósito entender que esta es "el poder dentro de la mente, mediante el cual el ser humano puede hacer cosas".

Por medio de la voluntad, la persona no solo hace las cosas comunes y corrientes, propias de la vida diaria, sino que también puede hacer algunas cosas extraordinarias, cuando aprende cómo hacerlo.

El antiguo esoterismo comprendió muy bien el gran poder de la voluntad del ser humano y sus enseñanzas transmiten información muy valiosa sobre este tema. Una de ellas es que, mediante el uso de la voluntad, podemos no solo proyectar ondas de pensamiento desde nuestra mente, sino que también podemos proyectar conscientemente magnetismo físico o energía vital.

En nuestros tiempos, los descubrimientos de los investigadores más avanzados en este tema verifican estas antiguas enseñanzas. Por lo tanto, el sistema que estoy enseñando aquí se basa no solo en los descubrimientos avanzados de la ciencia moderna, sino también en las enseñanzas impartidas por antiguos conocedores del tema.

La verdad no conoce una edad o tiempo "especial". Es propiedad de todos los tiempos.

Las personas promedio proyectan su magnetismo físico o su fuerza nerviosa en su atmósfera personal o aura de una manera más o menos inconsciente —de la misma forma en que caminan o respiran—. Han adquirido el hábito naturalmente y no se preocupan por el asunto; de hecho, por lo general, son poco conscientes de ello e ignoran el proceso en sí mismo.

Las diferencias en el grado de magnetismo físico proyectado o irradiado por dichas personas están determinadas únicamente por el grado de fuerza nerviosa generado por ellas, en ausencia de cualquier poder especial de proyección.

También hay una segunda clase de personas que, aunque no están informadas por completo de su poder para proyectar magnetismo físico, sin embargo, mediante el uso habitual de su voluntad con el propósito de impresionar a otros —poderosa, aunque inconscientemente—, dirigen ondas de fuerza nerviosa hacia el exterior, de modo que su atmósfera personal se carga de esta fuerza y su influencia es percibida por aquellos que entran en contacto con ellas.

En esta clase de individuos se encuentran las personas activas, enérgicas y magistrales en diversos ámbitos de la vida, que dirigen a otros en lugar de ellas ser dirigidas por otros, que dan órdenes en lugar de recibirlas. En general, este tipo de personas irradia suficiente magnetismo físico para hacerse sentir por la gente con la que ellas entran en contacto. Por lo general, son percibidas como personas "fuertes". Aun así, ellas no manifiestan un gran magnetismo físico.

La tercera clase de personas está compuesta por individuos que han adquirido un mayor o menor conocimiento de que el magnetismo físico puede proyectarse más allá de los límites del cerebro o el cuerpo. Son personas que han aprendido, al menos en cierto grado, el arte de proyectar su magnetismo, mediante el uso de la voluntad.

Estos individuos van desde aquellos que han adquirido simplemente un atisbo de la verdad, subiendo gradualmente hasta aquellos a quienes se pueden llamar *maestros del arte*.

Esta última clase de personas nombradas corresponden a aquellas cuyo poder se siente y se reconoce con facilidad y que dejan cierta impresión en quienes entran en contacto con ellas.

En cierto modo, la proyección del magnetismo físico es un procedimiento muy simple, que consta de los siguientes dos procesos:

1. La creencia y la comprensión de poderes propios para proyectar la fuerza.
2. El acto en sí de manejar a voluntad la fuerza que se proyectará.

Al principio, tiende a parecer un poco extraño aprender que el hecho de "creer" tiene algo que ver con este asunto, pero un poco de análisis al respecto explicará esta ley general de la sicología.

La cuestión funciona así: la voluntad nunca actúa en una dirección que la mente cree imposible. Uno nunca trata de llegar a la luna, porque su mente se niega a creer que pueda hacerlo. Sin embargo, el niño, creyendo que es posible, usará su voluntad para mover su mano en esa dirección. En otras palabras, la incredulidad actúa como un freno que impide activar la voluntad. ¿Ves el punto?

Ahora, sería válido argumentar que la "creencia" del niño no es suficiente para permitirle alcanzar la luna. Por supuesto, pero esta hace que su voluntad opere para levantar su mano en dirección a alcanzarla. Esto significa que el hecho de creer que podemos alcanzar algún logro no necesariamente hace que lo alcancemos, pero elimina las barreras de la incredulidad. Por el contrario, es "no creer", la incredulidad, lo que nos impide obtener cualquier logro mediante el ejercicio de la voluntad.

Hay muchas cosas que podríamos hacer si solo pudiéramos creer que las podemos hacer, pero la incredulidad actúa como un freno y se convierte en una barrera que nos impide hacer nuestros mejores esfuerzos para lograr nuestras metas.

A menudo, la comprensión o realización del poder propio ganará la mitad de la batalla en el alcance de toda meta

En el caso que nos ocupa, tú solo necesitas creer lo suficiente para intentarlo. Luego, cada vez que intentas y obtienes un resultado, la tarea se vuelve más fácil de realizar la próxima vez. De ese modo, al final, desarrollarás una plena comprensión del poder de la voluntad. Ya después de eso, el resto es fácil.

El segundo proceso, es decir, el "querer" o "tener la voluntad de" o de "ordenar por medio de la voluntad" es simplemente lo que dicen las palabras.

Tal vez, te preguntes: ¿Cómo puedo "tener la voluntad de" o de "ordenarle" al magnetismo físico que se mueva en mi atmósfera personal y la energice? ¿Me obedecerá?

Ciertamente, lo hará. Y el querer u ordenar es tan solo un esfuerzo igual al que uno emplea de manera instintiva cuando "quiere" o le "ordena" a la mano que se levante.

¿Qué hace que la mano se levante? Esta no tiene poder para elevarse por sí misma, ni los músculos tampoco. Es hasta cuando "tienes la voluntad" o "quieres" que tu mano se mueva que los músculos y demás órganos que intervienen en el movimiento de tu mano comienzan a moverse. El simple hecho de "querer" le envía una corriente de fuerza nerviosa a los nervios y músculos, haciendo que la mano se eleve. Suena simple, ¿no? Y, sin embargo, es una de las acciones más increíbles del mundo, solo que nos hemos acostumbrado tanto a ella que no notamos la maravilla implícita en un acto como este.

El caso es que la instrucción de la voluntad en el magnetismo físico actúa de la misma manera que la instrucción de la voluntad en la mano. Ahora, este es un punto que es crucial recordar: no solo le dices a tu mano "levántate". Pruébalo y dile "levántate", pero sin querer que se levante y verás como no pasa nada. Es hasta cuando acompañas esta instrucción con el misterioso esfuerzo de la voluntad que ocurre el movimiento.

No puedo decirte cómo mover tu mano por medio de la "voluntad". Lo que sí puedo decirte es que debes querer o "tener la voluntad de" elevarla y entenderás exactamente lo que te quiero decir.

Bien. De la misma manera, debes querer, debes tener la voluntad de que el magnetismo físico fluya hacia tu atmósfera personal. Así como quisiste que la mano se levantará, ¡también sucede con respecto al magnetismo personal!

Ahora, podrías decirme: "Puedo ver el movimiento de la mano y saber si la orden ha sido obedecida, pero no puedo ver el flujo del magnetismo físico". Esto es cierto, sin embargo, uno sí puede sentir el magnetismo fluir y estar seguro de su accionar.

Pronto, el flujo de tu magnetismo físico se te vuelve perceptible. Estarás tan seguro de que lo irradias como lo estás de recibir radiación de calor en un día cálido. Este es uno de esos hechos que no se pueden explicar bien, pero que, aquellos que lo experimentan lo entienden fácilmente.

Inténtalo y pronto te irás haciendo cada vez más consciente del flujo de la fuerza nerviosa que fluye desde ti hacia el campo de tu atmósfera personal o aura; esto, a una distancia de varios pies a tu alrededor. Te darás cuenta del efecto de tu magnetismo físico sobre las personas que entran en contacto contigo. Percibirás la reacción y la respuesta a tu fuerte influencia magnética sobre ellas. Inconscientemente, te harán saber que sienten el poder de tu presencia y que reconocen tu fortaleza. Encontrarás una expresión de desconcierto en algunos de tus viejos conocidos y asociados, pues ellos serán conscientes así sea vagamente de que hay algo diferente con respecto a ti que ellos no logran explicarse satisfactoriamente.

No obstante, no cometas el error de informarles de lo que se trata, ya que esto provocará comentarios desagradables y críticas, y también tenderá a hacer que las personas adopten una actitud defensiva e incluso ofensiva hacia ti, tal vez, en pos de su propia protección.

También te darás cuenta del efecto curativo y fortalecedor de tu magnetismo sobre las personas delicadas y enfermas que entran en contacto contigo. Notarás que ellas se sentirán fortalecidas por tu presencia y no querrán que te vayas.

A lo mejor, experimentarás cierta dificultad para evitar que quienes te rodean traten de adherirse a ti e intenten fortalecerse a partir de tu magnetismo. Entonces, hasta cuando aprendas en qué consiste el arte de usar el poder o el magnetismo mental y cómo manejarlo, sabrás desprenderte de los demás cada vez que te parezca necesario hacerlo. Mientras tanto, les harás mucho bien dándoles a estas personas tratamientos magnéticos, ya sea dirigiendo conscientemente una corriente de magnetismo hacia ellos, mediante el uso de la voluntad o mediante el uso de la mano.

Tu magnetismo fluirá libremente de tus manos, vigorizará a las personas débiles, tenderá a eliminar afecciones dolorosas, etc. Si así lo deseas, una pequeña experiencia te convertirá en un "sanador magnético".

En este asunto de dar la mano, notarás cosas extrañas. Las personas que te den la mano quedarán impresionadas por algo especial y poderoso acerca de ti, ya que tu magnetismo fluirá hacia ellas a través de su cuerpo, algunas veces, de la manera más marcada y a menudo en forma de una corriente suave.

Por el simple esfuerzo de tu voluntad, sabrás proyectar tu magnetismo físico en una corriente continua que fluya bastante lejos de tu cuerpo. Esto, una vez que hayas aprendido los pequeños puntos de práctica mediante ensayos repetidos.

A este punto, no hablaré todavía del uso del magnetismo físico en relación con las corrientes mentales, ya que trataré este tema de manera puntual en un capítulo posterior y en partes de varios capítulos. Pero no esperes hasta entonces para practicar: empieza desde ya a trabajar en la práctica del magnetismo físico de modo que lo adquieras y sepas manejarlo cuando recibas instrucciones más elevadas sobre las corrientes mentales. Planta tus pies firmemente en cada escalón de la escalera. De ese modo, no te resbalarás cuando subas. ¿Ves el punto?

9. Radiación mental

—··—•—··—

Dejando a un lado la fase del magnetismo físico o la fuerza nerviosa y entrando en la otra fase, la del magnetismo mental o la fuerza del pensamiento, primero, echémosle un vistazo general a lo que dicen las ciencias más avanzadas actuales acerca del tema de los fenómenos de la radiación mental.

Antes de comprometerte a manifestar su poder, te conviene estar convencido de la realidad de este fenómeno. No solo para mantener la coherencia y la honestidad mental de tu parte, sino también para que te deshagas de cualquier duda o incredulidad sobre el tema, dado que el resultado de la duda y la incredulidad es que se interpone una barrera o una especie de freno a la voluntad, como ya dijimos en un capítulo anterior.

Las siguientes son las palabras de uno de los grandes científicos del mundo, el profesor Ochorowicz, quien generó un revuelo maravilloso aquí en París con sus demostraciones de sicología práctica, fotografía mental, etc. El profesor Ochorowicz afirmó:

> Todo ser vivo es un enfoque dinámico. Un enfoque dinámico tiende a propagar el movimiento que le corresponde. El movimiento propagado se transforma, según sea el medio que atraviesa. El movimiento tiende siempre a propagarse a sí mismo.
>
> Por lo tanto, cuando vemos trabajo de cualquier tipo —mecánico, eléctrico, nervioso o psíquico—

desaparecer sin efecto visible, entonces, de dos cosas, sucede una, ya sea una transmisión o una transformación. ¿Dónde termina lo primero y dónde comienza lo segundo?

En un medio idéntico solo hay transmisión. En un medio diferente también hay transmisión. Digamos que envías una corriente eléctrica a través de un cable grueso. El cable tiene corriente, pero no se percibe ninguna otra fuerza. Sin embargo, corta ese cable grueso y conecta las puntas cortadas por medio de un cable fino y el resultado será que el cable fino se calentará; es decir, habrá una transformación de una parte de la corriente en calor.

Toma una corriente bastante fuerte e interpón un cable aún más resistente o una varilla de carbono muy delgada y el carbono emitirá luz. Entonces, una parte de la corriente se transforma en calor y luz. Esta luz actúa en todas las direcciones alrededor, primero visiblemente, como luz; luego, de modo invisible, como calor y corriente eléctrica.

Sostén un imán cerca de ella. Si el imán es débil y movible, en forma de aguja magnética, el rayo de luz causará que se desvíe; pero, si es fuerte e inamovible, a su vez causará que sea el rayo de luz el que se desvíe. Y todo esto desde una distancia, sin contacto, sin conductores especiales.

En el cerebro se da un proceso que es a la vez químico, físico y psíquico. Una acción compleja de este tipo se propaga a través de la materia gris, como se propagan las ondas en el agua. Considerada en su lado fisiológico, una idea es solo una vibración, una vibración que se propaga; pero que no pasa hacia afuera de un medio en el que puede existir como tal.

Se propaga en la medida en que lo permiten otras vibraciones. Se propaga más ampliamente si asume el carácter que subjetivamente llamamos emotivo. Pero no puede ir más allá sin ser transformada. Sin embargo, al igual que la fuerza en general, una idea no puede permanecer aislada y se escapa disfrazada.

El pensamiento se queda en casa, ya que la acción química de una batería permanece en la batería, está representada por su correlación dinámica, llamada —en el caso de la batería— una corriente, y en el caso del cerebro, no sé cómo; pero, cualquiera que sea su nombre, es el correlato dinámico del pensamiento. He elegido el término "correlación dinámica". Hay algo más que eso: el universo no está ni muerto ni vacío.

Una fuerza que se transmite se encuentra con otras fuerzas y, si se transforma solo poco a poco, por lo general, se limita a modificar otra fuerza a su propio costo, aunque sin sufrir perceptiblemente por ello. Este es el caso particular de las fuerzas que son persistentes, concentradas, bien secundadas por su medio.

Este es el caso del equilibrio fisiológico, la fuerza nerviosa, la fuerza psíquica, las ideas, las emociones y las tendencias. Estas modifican las fuerzas ambientales, sin que estas desaparezcan. Se transforman de modo imperceptible y, si la siguiente persona es de una naturaleza muy bien adaptada a ellas, ganan en acción inductiva".

Varios otros científicos eminentes han testificado el parecido general del cerebro con una batería eléctrica o magnética o un grupo de celdas.

El profesor Bain sostuvo:

La estructura de las sustancias nerviosas y los experimentos realizados sobre los nervios y los centros nerviosos establecen sin lugar a dudas ciertas peculiaridades como pertenecientes a la fuerza ejercida por el cerebro. Esta fuerza tiene la naturaleza de una corriente; es decir, una energía generada en una parte de la estructura se transmite a lo largo de una sustancia intermedia y se descarga en alguna otra parte. Las diferentes formas de electricidad y magnetismo nos han familiarizado con este tipo de acción.

El profesor Draper aseguró que:

Encuentro que el cerebro es 100% análogo en construcción a cualquier otro arco nervioso. Está compuesto de fibras centrípetas y centrífugas, registrando también ganglios. Si en otros arcos nerviosos la estructura es meramente automática y no puede mostrar fenómenos de sí mismo, sino que requiere la influencia de un agente externo —el aparato óptico inerte salvo bajo la influencia de la luz, el auditivo salvo bajo la impresión del sonido—, el cerebro, siendo precisamente análogo en su estructura elemental, presupone la existencia de algún agente para actuar a través de él.

El Dr. Haddock dice, en conexión con su consideración de la idea de que el pensamiento puede ser comunicado a través de las vibraciones del éter:

El éter es aceptado por la ciencia como una realidad, y como un "medio" para la luz, el calor, la electricidad, el magnetismo, etc. El sistema nervioso es ciertamente comparable a una batería eléctrica con cables de conexión. Según esto, la comunicación de pensamiento y sentimiento sin la mediación de la percepción sensorial como se entiende comúnmente ahora está establecida.

De vez en cuando, los objetos inanimados ejercen "influencias extrañas". Es innegable que la gente lleva consigo una atmósfera personal. Por lo tanto, la representación de la condición de estos hechos por un campo psíquico, en comparación con el campo magnético o eléctrico se vuelve, si no plausible, al menos, conveniente.

Así como existe un "campo" alrededor del Sol, también es de suponerse que hay un "campo" que rodea a cada ser humano.

Ya tenemos bases sólidas para creer que vivimos en un "medio" o "médium" que nos transmite movimientos de vaivén desde el Sol, que estos movimientos son electromagnéticos y que toda la transformación de la luz y el calor —y, de hecho, los fenómenos de la vida— se debe a la energía eléctrica que nos llega a través del vacío que existe entré nosotros y el Sol, un vacío que está impregnado por el éter, que es un medio apto para la transmisión de ondas electromagnéticas.

Entonces, mediante una teoría similar aplicada a la mente, el cerebro y el cuerpo, encontraremos explicaciones razonables de muchos misterios insolubles de la vida y, lo más importante, deduciremos ciertas sugerencias para la regulación práctica de la vida en el mayor interés individual.

Haddock también cita de forma aprobatoria al Dr. M.P. Hatfield, una autoridad con la que personalmente no estoy familiarizado:

> La disposición de las envolturas nerviosas es tan parecida a la de los cables eléctricos mejor construidos que no podemos evitar pensar que ambos fueron construidos para llevar a cabo algo muy parecido. Sé que hay quienes sostienen rotundamente que la fuerza nerviosa no es electricidad, y no lo es

en el sentido de que una batería eléctrica no es lo mismo que un ser humano vivo, sin embargo la fuerza nerviosa está estrechamente relacionada con esa cosa maravillosa que —por la falta de una comprensión mejor y más clara— hemos decidido llamar "electricidad".

Haddock agrega:

> Todos los estados del cuerpo y la mente implican constantes cambios moleculares y químicos. De ahí la sugerencia de que el cerebro, con sus millones de células y sus cambios inconcebibles en sustancia, sea considerado como una batería transmisora y receptora. El cerebro, siendo un tipo de batería, y los nervios, siendo conductores de la energía almacenada liberada a diferentes partes del cuerpo por un tipo de acción similar a las acciones de la electricidad y el magnetismo, se sugiere que, ya sea por medio del éter o de alguna forma todavía más fina de materia, las descargas de energía cerebral sean conducidas más allá de los límites del cuerpo.
>
> Si la red nerviosa corresponde a los cables, este medio refinado corresponderá al campo de éter que se supone se emplea en la telegrafía inalámbrica.
>
> Así como los impulsos eléctricos son conducidos sin cables u otros medios visibles, de igual modo, las descargas cerebrales pueden transmitirse más allá del mecanismo de la batería, sin la intervención de los nervios, excepto en lo referente a que estos pueden constituir una parte de la batería. En términos generales, tales descargas se originarían de dos maneras: por acción mental directa o por estados mentales o físicos o quizá por una combinación.

En las citas anteriores, encontrarás referencia constante a las vibraciones en el éter universal. El hecho de que en la escala de vibraciones etéricas hay lugar —así como mucho espacio— para las vibraciones de la fuerza mental, se puede demostrar haciendo referencia a las siguientes citas de autoridades eminentes:

El profesor Gray manifestó:

Hay mucho lugar a la especulación en la idea de que existen ondas de sonido que ningún oído humano puede escuchar y ondas de luz de color que ningún ojo puede ver. Este ancho, oscuro y silencioso espacio que existe entre 40,000 y 400,000,000,000,000 vibraciones por segundo, y la infinidad del rango más allá de 700,000,000,000,000 vibraciones por segundo, donde la luz cesa en el universo del movimiento, hace posible mucha especulación al respecto.

El profesor Williams ha dicho:

No existe una gradación entre las más rápidas ondulaciones o trepidaciones que produce nuestra sensación de sonido y las más lentas de esas que dan lugar a nuestras sensaciones de calidez más suave.

Hay una enorme brecha entre ellas, lo suficientemente ancha como para incluir otro mundo de movimiento que existe entre nuestro mundo sonoro y nuestro mundo de calor y luz. Y no hay una buena razón para suponer que la materia es incapaz de tal actividad intermedia o que tal actividad no puede dar lugar a sensaciones intermedias, siempre que haya órganos para tomar y detectar estos movimientos.

Un escritor reciente afirmó en el *London Post*:

> El conocimiento que obtenemos mediante el experimento nos muestra cuan miserablemente imperfecto, como mecanismo, es nuestro cuerpo. El oído puede detectar las vibraciones lentas del sonido que nos llegan al ritmo de entre 40 y 40,000 vibraciones por segundo. Pero todo el espacio puede temblar y palpitar con ondas de todo tipo de velocidades variables y nuestros sentidos no nos dirán nada hasta que lleguen a nosotros a la velocidad inconcebible de 400,000,000,000,000 vibraciones por segundo, cuando nuevamente respondemos a ellas y las apreciamos en forma de luz.

Otro escritor, un sicólogo estadounidense, continúa la historia a partir de este punto, de la siguiente manera:

> Los primeros indicios de calor llegan cuando las vibraciones alcanzan la velocidad de 35,000,000,000,000 por segundo. Cuando las vibraciones alcanzan los 450,000,000,000,000, se manifiesta el más bajo rayo de luz visible. Luego, vienen los rayos anaranjados, el amarillo dorado, el amarillo puro, el amarillo verdoso, el verde puro, el azul verdoso, el azul océano, el azul ciánico, el índigo y finalmente el violeta, el grado más alto de luz que el ojo humano puede registrar y que ocurre cuando las vibraciones alcanzan la tasa de 750,000,000,000 por segundo.
>
> Luego, vienen los rayos ultravioletas, invisibles para la vista humana, pero registrados por medios químicos. En esta región ultravioleta se encuentran los Rayos X y los otros rayos de alto grado recientemente descubiertos, y también los rayos actínicos que, aunque invisibles para el

ojo, los registra la placa fotográfica, hacen que se nos broncee la cara, nos provocan ampollas en la nariz e incluso provocan explosiones violentas en sustancias químicas expuestas a ellas y actúan sobre las hojas verdes de las plantas, provocando el cambio químico de transformar ácido carbónico y agua en azúcar y almidones. Estas formas de "luz oscura", es decir, luz demasiado fina para ser percibida por el ojo humano, son solo débiles indicaciones de la existencia de vibraciones todavía más elevadas y finas: las "fuerzas más finas de la naturaleza".

¡Oh, sí! Hay un montón de espacio y lugar en la escala de las fuerzas de la naturaleza, para las vibraciones de la energía mental, la fuerza nerviosa y el magnetismo personal, que combina ambos. Confío en que las declaraciones de los hechos científicos anteriores hayan despejado tu mente de cualquier duda que tuvieras sobre el tema.

10. Actitudes mentales

En un capítulo anterior, afirmé que la fase mental del magnetismo personal consiste en dos manifestaciones coordinadas de poder mental, la primera de las cuales es *la posesión de ciertos estados mentales hasta que la atmósfera mental se carga con las vibraciones de los estados mentales particulares*. Consideremos ahora cuáles son estos "ciertos estados mentales" que deben poseerse.

En primer lugar, estos "estados mentales" no son tanto un conjunto de pensamientos particulares, sino más bien actitudes mentales en relación con uno mismo y con el mundo exterior.

La actitud mental de una persona, si está firmemente definida y arraigada, se imprime en todo su alrededor. Su aspecto "crece" para adaptarse; su voz; su caminar; su apariencia general; todo en ella crece para reflejar su estado mental interno. Además, su atmósfera mental se vuelve tan cargada de ciertas vibraciones que quienes entran en contacto con ella realmente sienten su actitud mental y se adaptan a ella.

¿Quién de nosotros no recuerda la actitud mental "tan mansa y humilde" de *Uriah Heep* manifestada por algunas personas que conocemos? ¿Quién no recuerda haber sentido la actitud furtiva y astuta de otras personas? ¿Y quién puede olvidar la actitud mental audaz y magistral de ciertas personas exitosas entre nuestros conocidos en el campo de los negocios? Cada una de estas clases de personas posee una atmósfera mental que se nos revela de inmediato, cuando nos encontramos con ellas.

No es necesario insistir en la importancia de producir en ti el tipo de atmósfera personal más deseable. Y, como ya he dicho:

La atmósfera mental es el resultado directo de la actitud mental de la persona y ella la refleja inevitablemente.

Por supuesto, la actitud mental de una persona se compone de una variedad de creencias, opiniones, puntos de vista, ideales y debe necesariamente ser de un carácter algo mezclado. En el caso de la mayoría de las personas, la atmósfera personal carece de fuerza y carácter, debido a la falta de un color mental particular. Pero, en el caso de los individuos fuertes, siempre se encontrará una actitud mental fuerte y decidida, un fuerte deseo que colorea todo el pensamiento; una poderosa ambición que le da tono a todo lo demás; una resolución firme que alimenta todo el carácter mental. Esta fuerte vibración se lleva a cabo en la atmósfera personal y se siente su influencia. Por lo tanto, las personas reaccionan a ella.

De manera general, las actitudes mentales pueden dividirse en dos clases, a saber:

(1) Positivas

(2) Negativas

Al principio, es difícil dar la nota clave de cada una de estas dos clases de actitud mental, pero llamo tu atención a las palabras de un escritor estadounidense en relación con esto que bien dice:

Eso que tiende a fortalecerlo a uno es positivo.
Lo que tiende a debilitarnos es negativo.

No creo que pueda mejorar esta definición, así que te aconsejo que la adoptes y midas tus actitudes mentales según ese estándar. Por supuesto, cultiva y desarrolla los aspectos positivos y restringe los negativos para que, al final, tu actitud mental sea "positiva" en lugar de "negativa"; fuerte en lugar de débil.

Algo interesante sobre cultivar una actitud mental positiva es que la actitud mental mejorada no solo tiende a "impresionar" a aquellos con quienes te contactas, sino que también tiende a impactar tu propia mentalidad, de manera que te vuelves cada vez más y más inquebrantable en tu actitud mental.

La actitud mental se asemeja a la levadura en el sentido de que, si insertas un poco del fermento en tu mente, este comenzará a funcionar y producirá otras células hasta que llene toda tu mente. En otras palabras, la actitud mental tiende a reproducirse a sí misma. Esto es cierto tanto de las ideas mentales deseables como de las indeseables, pero, y recuerda esto bien, aquí hay un hecho más esperanzador y alentador: una idea positiva tenderá a aniquilar a una negativa, por lo que, como ves, la naturaleza está luchando de tu lado.

La mejor manera de erradicar y destruir las ideas y actitudes mentales negativas es plantando una buena cosecha de pensamientos positivos en su lugar. Con seguridad, notarás que las ideas negativas terminarán por desvanecerse. Es como verter mucha agua fresca en un recipiente con poca agua sucia; con el tiempo, el agua se aclarará; es igual a inundar una habitación de luz solar: la oscuridad se desvanecerá.

Echémosles un vistazo a los principales aspectos positivos y negativos en la lista de actitudes mentales:

Aspectos positivos: valor, maestría, actividad, iniciativa, pensamiento dinámico, autoestima, asertividad, continuidad.

Aspectos negativos: miedo, servidumbre, lentitud, vivir a la espera de órdenes, pensamiento estático, autodesconfianza, echarse para atrás, inconstancia.

Esta lista podría ampliarse mucho más, pero creo que ya habrás captado la idea. Ahora, repasa la lista de las cualidades positivas que más se destacan en las personas fuertes que conoces y procura reproducirlas en ti. Repasa también la lista de las características débiles y negativas de las personas frágiles que conoces y esfuérzate por "eliminarlas" de tus actitudes mentales.

En este trabajo del desarrollo de la actitud mental, recuerda esto:

La mente crece para asemejarse a todo aquello de lo cual se alimenta.

Por lo tanto, enfócate en "alimentar" tu mente con el tipo de ideas que te gustaría que tu actitud mental reflejase. Por ejemplo, si deseas una actitud mental de coraje, determinación, sabiduría y éxito procura leer historias en las que sobresalgan estos aspectos de los personajes; frecuenta la compañía de este tipo de personas; mantén en tu mente *el ideal* de aquellas cualidades que deseas desarrollar en tu actitud mental y verás que encontrarás en el mundo exterior todo eso que conecte con tu ideal de actitud mental. Recuerda evitar libros, personas y pensamientos opuestos y negativos, del mismo modo que lo harías con las serpientes venenosas.

Es asombroso cuán rápido responderá tu mente a tu deseo de sostenerte con firmeza en tu *ideal positivo* y en el ambiente estimulante rodeado de cosas *positivas*. En poco tiempo, establecerás un hábito mental instintivo que seleccionará y disfrutará de las cosas positivas de tu entorno y rechazará las negativas. Entrena tu mente a seleccionar el tipo de alimentación adecuado para ti y esta adquirirá pronto el hábito y realizará el trabajo de manera instintiva, sin ninguna supervisión especial de tu parte. Además, se desarrollará en tu mente lo que un talentoso escritor estadounidense, Prentice Mulford, llamó "el poder de atracción del pensamiento", mediante el cual atraerás cosas, personas, libros que te proporcionarán el tipo particular de alimento mental que mejor se adapta al *ideal* que llevas en tu mente. No voy a ahondar en este último fenómeno maravilloso, pero te pido recordarlo y aplicarlo, ya que es una de las grandes fuerzas de la naturaleza.

Por último, te aconsejo que te sientes y hagas un cuadro detallado, completo y honesto de tus características mentales, positivas y negativas. Después, coloca un signo "+" antes de las positivas y un signo "-" antes de las negativas. Luego, revisa a diario tu lista de "+" y afirma que *desarrollarás* estos aspectos positivos y *cambiarás* los negativos —de ese modo, los aspectos positivos aumentarán en ti como una célula que se automultiplica. Los aspectos negativos se pueden restringir, desarrollando sus opuestos. Es decir, mediante la aplicación de la ley de que los aspectos positivos erradican a los negativos.

Sobre estas dos grandes leyes fundamentales de la sicología práctica uno puede construir un personaje a voluntad. Las repetiré una vez más para que las conserves en tu mente:

1. Alimenta tus cualidades positivas con ideas, pensamientos, libros, personas y ambiente positivo, etc.
2. Restringe o erradica tus aspectos negativos desarrollando sus opuestos positivos.

Ahora, observemos este maravilloso plan para desarrollar una actitud mental positiva, el cual ya ha sido practicado con éxito por muchos de mis estudiantes, algunos de los cuales se encuentran en la lista de los individuos más destacados del mundo. Se trata de lo siguiente:

Primero que todo, necesitas diseñar *un patrón ideal* de la persona que deseas ser. Elige con exactitud cuáles son las características que deseas hacer tuyas. Luego, imagina a un individuo poseedor de solo estas cualidades: un modelo completo, un patrón de quien deseas ser. Después, mantenlo fijo en tu imaginación. Visualízalo siempre; piensa en ese modelo constantemente; míralo desde el interior y el exterior; familiarízate con él. Notarás que comenzarás a crecer y a encarnar a ese *ideal* y tu actitud mental será cada vez más como la de tu modelo elegido.

Te recomiendo que no pases por encima de esta regla, solo por su simplicidad. Ha hecho milagros en otras personas, ¿por qué no en ti? Si persistes en este plan, tu actitud mental se volverá positiva y fija; tu atmósfera personal estará cargada con vibraciones fuertes y positivas que te harán sentir como el vencedor que en verdad eres.

A medida que estudias los siguientes capítulos, aprópiate de esta idea y recuerda que así obtendrás los mejores resultados de esta instrucción especial contenida a lo largo de este capítulo.

11. La atmósfera mental

———— ·•—●—·• ————

Tras considerar la primera manifestación de la fase mental del magnetismo personal en el capítulo anterior, alcanzamos la segunda manifestación de la misma, a saber: "La proyección consciente de la corriente mental desde los centros cerebrales, por la acción de la voluntad del individuo".

A su vez, podemos decir que esta "proyección consciente" consiste en dos formas de manifestación, a saber:

(1) La proyección en la atmósfera personal.

(2) La proyección de una corriente continua, en circunstancias especiales, en la mente de otra persona, con el propósito de ejercer influencia directa sobre ella.

Veamos estas dos formas, comenzando con la primera.

En cuanto a la naturaleza del proceso por el cual uno puede proyectar sus corrientes mentales en su atmósfera personal, diría que el método es casi exactamente idéntico al usado para proyectar el magnetismo físico o la fuerza nerviosa en su atmósfera personal, tal y como quedó expuesto en el Capítulo 9.

Como en el caso del magnetismo físico, vemos que la persona promedio colorea su atmósfera personal por el carácter de sus estados mentales o más bien por el color predominante de su actitud mental, sin ningún esfuerzo especial de su parte.

Los grados de color —no su tipo particular, recuerda, sino su grado de fuerza— dependen del grado de actividad mental de la persona. Aquella de pensamientos, ideas o sentimientos inactivos tendrá una atmósfera personal casi incolora, mientras que aquella de mente activa mostrará un marcado grado de color de pensamiento en ella.

Aquí también encontramos a la segunda clase de personas que, aunque no comprenden por completo la naturaleza del poder o los procesos de proyección, manifiestan sin embargo un alto grado de color y poder de pensamiento en su atmósfera personal. Este fuerte color y poder proviene del hecho de que tales personas suelen ser individuos con un alto grado de sentimiento o idealismo, es decir, gente que experimenta sentimientos fuertes, por un lado; si no, tienen ideas mentales fuertes con respecto a cualquier cosa en la que ellos estén interesados o tal vez tienen tanto un sentimiento fuerte como un idealismo fuerte.

El color y el poder más fuertes manifestados por personas de esta clase se encuentran en aquellos que se interesan mucho por las cosas. Este fuerte interés realmente combina los dos elementos de sentimiento y atención, respectivamente.

El sentimiento es un fuerte elemento mental. La atención, recordarás, es una aplicación directa de la voluntad. Entonces, tales personas proyectan fuertemente sus estados mentales en su atmósfera personal, aunque no sean conscientes de ello y sin un empleo deliberado de la voluntad para este propósito.

Pero, aquí, como en el caso del magnetismo físico, el efecto más fuerte y poderoso lo producen los individuos que comprenden el proceso y que consciente y deliberadamente proyectan su pensamiento en su atmósfera personal, de tal modo que el efecto pleno de su magnetismo se manifiesta sobre quienes entran en su campo de influencia.

El proceso de usar la voluntad en dirección a proyectar el pensamiento —el color y el poder hacia la atmósfera personal— es prácticamente idéntico al uso de la voluntad en el caso del magnetismo físico o la fuerza nerviosa, como quedó descrito en el Capítulo 9.

En otras palabras, consta de dos fases, a saber:

(1) Creencia en el poder de proyectar

(2) La proyección real por voluntad

Hasta aquí, te he instruido paso a paso sobre la parte que desempeña la "creencia" en este proceso de proyección, así que no hay necesidad de agregar nada más sobre este tema. El uso de la voluntad en la proyección también consiste tanto en el "querer" o dirigir la voluntad hacia algo como en el "ordenar" dicha cosa.

Las corrientes mentales son muy obedientes a la voluntad y de hecho, dependen casi por completo de la voluntad de poder moverse y actuar. Y no olvides esto que es muy importante: *la voluntad se mueve en gran medida por el deseo.*

Si deseas que tu atmósfera personal esté coloreada por tus corrientes de pensamiento y al mismo tiempo imaginas las corrientes de pensamiento fluyendo y llenando tu atmósfera personal, te quedará poco que hacer en la dirección del uso consciente de la voluntad.

Esto porque, en primer lugar, la voluntad actúa naturalmente a lo largo de las líneas del deseo estimulado; segundo, porque la formación de la imagen mental dará como resultado el uso de la atención, y esta, como ya he dicho, es una acción positiva y directa de la voluntad en la dirección de enfocar tu poder.

Entonces, ya ves, siguiendo este plan, estás poniendo en funcionamiento el poder de la voluntad misma, aunque no por comando directo.

También puedes usar el "comando directo a la voluntad" para proyectar las corrientes de pensamiento, del mismo modo que lo usas para levantar el brazo o cerrar los ojos.

Sin embargo, hay otro punto importante que debes tomar en cuenta y emplear activamente en tu trabajo de construcción y mantenimiento de una fuerte atmósfera personal positiva.

Me refiero al proceso de entremezclar y combinar los dos elementos del magnetismo personal, es decir:

(1) El magnetismo físico

(2) El magnetismo mental

Si bien existe una combinación o mezcla natural de estos dos, sin ningún esfuerzo especial de tu parte obtendrás un efecto mucho mayor por un proceso mental distinto de tu parte —proceso en el cual se combinan los diversos usos de la voluntad anteriormente referidos.

Este proceso especial consiste en tres operaciones mentales distintas, a saber:

1. Desear con todas tus fuerzas la combinación de los dos elementos del magnetismo personal, es decir, las fuerzas físicas y mentales. Enfócate en crear el tipo de deseo que sea más fuerte para esta combinación —más fuerte que un simple "querer"—. Avívalo hasta tal punto que se te convierta en un "anhelo" real o en unas "ansias" verdaderas por lograr esta combinación en cuestión.

2. Usar activamente la imaginación en dirección a formar una imagen mental de la mezcla de las dos formas de magnetismo, tal como imaginarías la combinación de dos nubes o dos corrientes de agua en un lago, que fluyen a partir de dos fuentes diferentes. Cuanto más fuerte y vívida hagas esta

imagen, más fuerte y efectivo será el resultado. He explicado que estas imágenes mentales requieren el uso de la atención y que la atención se debe a un uso directo y concentrado de la voluntad. Por lo tanto, la voluntad se emplea de manera activa y poderosa en este proceso y el resultado es 100% efectivo.

3. Ejecutar el comando directo de la voluntad misma en la dirección de "querer" que las corrientes se fusionen y se combinen.

Estas tres fases del uso de la voluntad, combinadas, resultarán muy efectivas.

Una pequeña práctica te permitirá realizar las tres a la vez, de forma casi automática.

Con un poco de reflexión, verás que el proceso que acabo de describir es casi el mismo que utilizas cuando realizas cualquier movimiento consciente y voluntario del cuerpo. Veamos: deseas levantar tu mano. ¿Qué procesos están involucrados? Tres:

(1) Deseas: tu deseo es levantar tu mano.

(2) Obtienes una imagen mental: casi inconscientemente, formas la imagen de la mano levantada.

(3) Ejecutas: haces realidad el comando directo de la voluntad, que es el esfuerzo mental final.

La combinación de las dos formas de magnetismo personal, el físico y el mental, funciona a lo largo de dos líneas de acción, a saber:

(1) El magnetismo mental le da color y carácter al magnetismo físico.

(2) El magnetismo físico le da vitalidad y fuerza de actuación al magnetismo mental.

Podría casi decirse que el magnetismo físico le da al "cuerpo" fuerza motriz para la combinación, mientras que el magnetismo mental le otorga fuerza al "alma". Cada uno duplica la eficiencia del otro, por el poder de la combinación.

Algunos esotéricos afirman que la atmósfera personal está compuesta de ciertos colores, dependiendo de la calidad particular de los estados mentales que son predominantes en la combinación; se dice que cada estado mental tiene tu propio color. No abordaré esta fase del tema, sino que lo mencionaré por su interés general en conexión con esto.

Los esotéricos también afirman que, cuando se mezcla la combinación de los dos elementos del magnetismo, el magnetismo mental toma un tono y color más profundo y pronunciado, y parece solidificarse y volverse más denso; afirman también que el magnetismo físico parece estar doblemente activo y que su mayor energía se evidencia por pequeñas chispas y danzantes átomos brillantes. Parece ser como la combinación de dos sustancias químicas diferentes y cada una tiende a aumentar la potencia y la actividad de la otra. Así, las dos se combinan para producir algo nuevo particularmente activo y potente.

De las mismas fuentes, aprendemos que el aura o la atmósfera personal del individuo que usa la voluntad en la dirección de o con el objetivo de formar la combinación potente de las dos formas de magnetismo, parece estar casi viva y llena de energía.

Se dice que, cuando entras en contacto con otras personas, sobre todo, cuando estás usando tu mente para impresionar e influenciar a los demás, tu aura se extenderá y abarcará a las otras personas dentro de tu campo de energía, tratando de influenciarlas y de mantenerlas sujetas a la vibración de tu mente.

Cuando aprendas a producir esta combinación de manera efectiva, comenzarás a notar que, casi de modo inconsciente, afectarás e influenciarás a otras personas con las que entras en contacto. Notarás que ellas empezarán a asumir tus estados de ánimo y tus sentimientos, y que, por lo general, quedarán "sintonizadas" con tus vibraciones mentales. Si te entusiasma cualquier cosa, ellas manifestarán ese mismo entusiasmo. Y así sucesivamente, cada uno de tus estados mentales registrará un efecto sobre los demás.

La moraleja de esto es: *conserva solo esos estados mentales que deseas que otros "asuman".*

Además, conserva tus opiniones y planes bien en el fondo de tu mente, mediante un esfuerzo de la voluntad, y muestra solo lo que deseas que otros perciban. Tus corrientes de pensamiento se habrán vuelto maravillosamente dinámicas y poderosas.

12. Corrientes magnéticas

La energía magnética de cada persona, formada por la combinación de su fuerza física y mental, como todas las demás formas de fuerza magnética o eléctrica, tiende a correr en corrientes y a transmitirse en ondas. De hecho, la atmósfera personal de cada individuo está compuesta por muchas ondas de energía magnética, dando vueltas alrededor de los confines de su aura, un movimiento constante similar a una onda que se mantiene y una rápida tasa de vibración que se manifiesta siempre.

Son estas ondas de energía magnética las que, al entrar en contacto con la mente de otras personas, establecen una tasa de vibración correspondiente allí y así producen un estado mental en ellas que corresponde al de la persona que envía el magnetismo. Como ya lo he afirmado varias veces, el magnetismo físico le otorga al cuerpo una cualidad energizante a su magnetismo personal, mientras que el magnetismo mental le proporciona calidad de color o carácter.

En este punto, deseo hacer un paréntesis por unos momentos para aclarar el hecho importante de que, al cargar la atmósfera mental con el magnetismo mental y físico combinado, no es necesario hacer dos esfuerzos distintos y separados de la voluntad. Al describirte y explicarte el proceso de envío de las corrientes de magnetismo físico y magnetismo mental, respectivamente, me he visto obligado a abordar cada fase por separado y a describir la acción de la voluntad en el proceso de proyección de cada una de estas fases de magnetismo personal. Por esa razón, si no dijera más sobre este punto, tú podrías tener la impresión de que, para cargar por completo tu atmósfera personal con las ondas combinadas de magnetismo físico y mental, primero, tendrías que cargarla con un tipo de magnetismo y luego con el otro.

Esto no es correcto, porque, como verás a continuación, *todo lo que se requiere es un esfuerzo combinado de la voluntad*. Es posible combinar la imagen mental de las dos formas de magnetismo personal, el físico y el mental, en una imagen o idea en la mente. También es posible combinarlos en el deseo o la inclinación de proyectar la energía. También es igualmente posible combinar la proyección de los dos en un solo esfuerzo de la voluntad. Se trata de algo simple, tan simple como retorcer dos hilos de seda, meterlos en el ojo de una aguja gruesa y luego hacer puntadas con la aguja.

Piensa en el magnetismo físico y mental como dos hilos insertados en el ojo de la aguja de tu voluntad y luego piensa en pasar estos hilos juntos por la tela, simplemente, empujando la aguja. Esta ilustración te permitirá formarte una imagen mental más clara del proceso.

Descubrirás que, después de algo de práctica, combinarás de modo instintivo los dos hilos en el ojo de la aguja de tu voluntad. Al principio, puede que te resulte más fácil pensar primero en el magnetismo físico y luego en el mental, por así decirlo, enhebrando primero un hilo y luego el otro. Pero, después de muy poca práctica, te resultará más fácil tomar los dos hilos a la vez, darles un pequeño giro y luego pasarlos a través del ojo de la "aguja de la voluntad" al mismo tiempo. Recuerda, entonces, aprende a "enhebrar juntos" los hilos de los dos tipos de magnetismo, de modo que la voluntad los active a ambos al mismo tiempo.

Debes mantener la atmósfera personal bien cargada en todo momento, proyectando magnetismo varias veces al día. No es necesario que lo hagas un número de veces específico, más bien, usa tu propio juicio y sentimiento en este asunto. Pronto, aprenderás a sentir cuándo tu aura magnética es débil y cuándo es fuerte. Estas cosas le llegan a uno por práctica y experiencia real y no pueden enseñarse muy bien, excepto a través de la experiencia real. Pronto, aprenderás lo qué es "sentir" la condición de tu magnetismo, tal como ahora sientes calor o humedad.

Si estás a punto de entrar en contacto con otras personas a las que deseas influir o a punto de entrar en contacto con otras personas que puedan querer influenciarte, debes cargarte bien de magnetismo, es decir, debes generar y proyectar en tu atmósfera personal una gran cantidad de magnetismo, lo que hará que tu aura sea fuerte y positiva en lugar de débil y negativa.

Lo principal en la batalla es estar preparado para cualquier emergencia. Esta regla es aplicable al caso de los usos del magnetismo personal en tu trato con otras personas. Entonces, recuerda combinar la idea y la imagen de magnetismo al proyectar o cargar tu magnetismo personal —los dos hilos retorcidos en la aguja.

Continuando con el tema de las corrientes magnéticas, estas no solo fluyen constantemente dentro de los límites de tu aura, sino que también suelen avanzar hacia otras personas que atraen tu atención. En tales casos, el aura parece extenderse hacia ellas e incluso envolverlas en sus pliegues.

Me estoy refiriendo a la acción involuntaria del aura o de las corrientes magnéticas, no a la proyección consciente y deliberada de las corrientes desde tu mente hacia las otras mentes. Hay una acción casi automática del aura o de las corrientes magnéticas en el modo indicado, cuando otra persona despierta el interés o la atención de quienes la rodean.

Por supuesto, si insistes en la interpretación científica más estricta de este movimiento aparentemente automático de las corrientes, debo admitir que, incluso en tales casos, la voluntad de la persona es la causa directa de la proyección.

Es crucial tener en cuenta que en los actos mentales de interés y atención hay una acción no deliberada de la voluntad; una acción automática, por así decirlo. La voluntad se pone en funcionamiento en el momento en que se atrae la atención: de hecho; la atención es un acto positivo de la voluntad. Y, en consecuencia, la voluntad pone en movimiento las corrientes magnéticas en la dirección del objeto de atención.

Entonces, cuando estás conversando con una persona o con varias, estás enviando hacia ellas una serie de corrientes de magnetismo personal, cuyas vibraciones deben afectarlas, a menos que sus propias vibraciones sean de una naturaleza más positiva que la tuya. De hecho, muchas personas de gran fuerza personal, cuyo magnetismo se siente realmente, emplean su fuerza de esta manera y usan muy poco los métodos de "flash directo" de la fuerza magnética concentrada inmediata que te explicaré en capítulos posteriores. En otras palabras, tu capacidad de magnetismo personal puede llegar a ser tan fuerte y tu atmósfera personal tan cargada que el mero contacto contigo produce un efecto magnético.

Pero si bien el método anterior de influencia magnética es muy efectivo, siempre que hayas aprendido a cargarte lo suficiente, sigue siendo más efectivo el "método de la escopeta", en contraposición con el "método del rifle", pues este último consume mucha potencia cuando una cantidad más pequeña sería suficiente. Tiene más valor la fuerza concentrada que la energía dispersa.

Sin embargo, el mejor método de todos es el que emplea ambos métodos, el de la escopeta y el rifle: la bala del rifle yendo directo al blanco, rodeada por una nube de disparos voladores que completa el trabajo y hace que el éxito sea cierto. Por lo tanto, cuando te intereses en los métodos de "flash directo" en los capítulos siguientes, no pierdas de vista la parte importante que en la influencia personal desempeña el efecto general del magnetismo del aura.

Antes de cerrar este tema, deseo explicarte un poco acerca de los fenómenos que han desconcertado a muchos estudiantes de magnetismo personal. Me refiero al uso aparentemente inconsciente del poder magnético del que tan a menudo escuchamos hablar. Por ejemplo, puedes estar pensando mucho en alguna persona, sin ninguna intención consciente de influenciarla de ninguna manera y, aun así, cuando te encuentras con esa persona o escuchas de ella, descubrirás que tus corrientes magnéticas la han influenciado, a menudo, de manera muy marcada.

Esto es desconcertante, más aún cuando sabes que no hiciste ningún esfuerzo específico por influenciar a esa persona por el método del "flash directo" y cuando tienes en cuenta que la persona estaba muy lejos de tu atmósfera o aura personal.

La explicación es esta: con tu atención e interés concentrados, has puesto tu voluntad en movimiento (aunque de modo inconsciente) y el resultado es que se ha proyectado hacia la otra persona una corriente de tu magnetismo —un gran estiramiento de tu atmósfera personal en dirección de esa persona— y ella ha sido influenciada por esa corriente como si hubiera estado en tu presencia.

Por supuesto, la otra persona no se verá muy afectada por tus corrientes, a menos que estas estén cargadas de gran magnetismo físico y fuertemente coloreadas por tu estado mental.

Sin embargo, siempre habrás ejercido alguna influencia, a menos que la otra persona sea más positiva a nivel magnético que tú, en cuyo caso, ella no se verá afectada en lo más mínimo.

Como ves, no solo estamos constantemente rodeados por un aura o atmósfera de nuestras corrientes magnéticas, sino que también estamos enviando corrientes de nuestro magnetismo a nivel más o menos inconsciente hacia el aura de otros, las cuales ejercen más o menos influencia sobre ellos.

De la misma manera, las corrientes de otros suelen alcanzar nuestra aura y ejercen más o menos influencia sobre nosotros, a menos que seamos más positivos que ellos en cuanto a nuestras vibraciones o (nótese esto) a menos que hagamos un esfuerzo deliberado de nuestra voluntad en dirección o con el objetivo de "cerrarles la puerta" a estas vibraciones externas.

13. El flash directo

Ahora, nos acercamos a una fase del tema general del magnetismo personal que es muy importante e interesante, debido a sus características llamativas y sorprendentes.

Esta fase consiste en la proyección deliberada y consciente del magnetismo personal en el aura de otra(s) persona(s) o en una atmósfera de una multitud de personas.

Este método se ha denominado "flash directo", porque se parece al destello de la chispa eléctrica, en lugar de la descarga difusa de una corriente constante de electricidad.

El "flash directo" es el método empleado para proyectar una influencia positiva en dirección a los demás —un comando mental respaldado por el magnetismo combinado físico y mental.

El método es:

1. La formación en tu mente de un comando directo, acompañado de una imagen mental de la acción que deseas ejecutar.
2. La mezcla mental de las dos formas combinadas de magnetismo.
3. La descarga deliberada del "flash" por medio de tu voluntad.

Hasta aquí, ya has sido instruido sobre las dos primeras fases de este método del "flash directo" y te he dado información general que te permitirá comprender la tercera fase, es decir, la de la "descarga deliberada del 'flash', por medio de tu voluntad".

Es decir, comprendes la formación de la imagen mental y la proyección del magnetismo en relación con la mezcla de las dos formas de magnetismo ya mencionadas. También conoces el poder y la acción de tu voluntad en la labor de proyectar magnetismo.

Lo que necesitas para completar la instrucción sobre el método del "flash directo" es un poco más de instrucción sobre el uso de la voluntad para proyectar esta "descarga deliberada". Esta es la instrucción adicional que te daré a continuación.

La clave del "flash directo" consiste en la acción deliberada de la voluntad de proyectar o lanzar, mediante un "flash" en la mente de la otra persona, una determinada instrucción o comando directo, respaldado por todas las fuerzas magnéticas que habitan en tu interior.

Esta es una acción que te resultará fácil y rápida, como resultado de ponerla en práctica. Además, podrás practicarla en privado, de pie frente a tu espejo, hasta que adquieras la facilidad mecánica mental necesaria.

Comencemos ahora con algunos ejemplos concretos, en lugar de continuar con instrucciones generales. En otras palabras, vayamos al grano en este asunto.

Ejercicio preliminar. Párate frente a tu espejo y observa de manera positiva y firme tu propia imagen, tal como mirarías a otra persona. De hecho, debes intentar imaginar que en realidad estás mirando a otra persona. Luego, envíale a esa persona imaginaria, representada por tu imagen reflejada, el mensaje: "¡Yo soy más fuerte que tú!".

Ahora, trata de entenderme bien mientras procedo. No debes contentarte con solo pensar o decir las palabras del comando magnético dado anteriormente; necesitas cultivar y desarrollar una voluntad real, tal como lo harías alzando tu mano o apretando tu puño. Verás que es necesario cultivar este poder de "desear" de esta manera, ya que tu creencia al principio no se coordinará con tu voluntad.

Probablemente, no podrías "desear con tu voluntad" que tu mano se levantase o que tu puño se apretase, a menos que realmente creas que esto es posible. Del mismo modo, el niño pequeño tiene que aprender primero la posibilidad de usar su voluntad de manera deliberada al realizar acciones físicas.

Antes que todo, él observa a otros realizar ciertas acciones y, poco a poco, se le ocurre la idea de que él también puede realizarlas. Luego, comienza a usar su voluntad, torpemente al principio, para dirigir sus músculos según él lo desee.

¿Tendrás que desarrollar tu habilidad para usar tu voluntad deliberadamente en la dirección de esta forma de magnetismo personal? Sí. Pero mediante una práctica firme y aplicada frente al espejo, pronto dominarás este mecanismo; el resto será cuestión de practicar, interactuando con otras personas.

Al enviar el mensaje, "Yo soy más fuerte que tú", es esencial que acompañes el esfuerzo de tu voluntad (mediante el cual envías el pensamiento —la orden—) con una fuerte convicción mental de que en verdad eres más fuerte (a nivel magnético) que la otra persona y también con la creencia de que ella quedará impresionada ante esta afirmación y la aceptará como cierta. Enfócate en permanecer en la actitud mental de exigir que ella acepte tu declaración, no en simplemente solicitarle que la acepte.

En esta forma de influencia magnética no existe tal cosa como "solicitar". Más bien, es una cuestión de lanzar "una orden o un comando insistente", no lo olvides. Cuando te limitas a solicitar que los demás acepten esta declaración que haces, estás tomando una segunda posición magnética, dándole a la otra persona el primer lugar. Pero cuando eres tú quien ordenas, tú tomas el primer lugar y pones a los demás en el segundo lugar.

Recuerda esto al practicar delante de tu espejo y trata de elevarte a la primera posición. Sabrás que lo lograste por la sensación peculiar de fuerza magnética superior que experimentarás.

Después de haber dominado el ejercicio anterior a plena satisfacción, es decir, hasta que hayas adquirido por completo la sensación de dominio y superioridad magnética, cuando envíes el rayo de comando, ya puedes proceder al siguiente paso.

Ya estando en posición de practicar esta segunda etapa del ejercicio ante el espejo, sentirás deseos de comenzar a probar tu poder sobre otras personas, pero será mejor que esperes hasta que hayas dominado por completo el mecanismo del magnetismo ante el espejo.

Esta segunda etapa del ejercicio preliminar del espejo se resume en la frase de comando magnético mental que le diriges a la persona imaginaria representada por tu imagen reflejada, que es: "Yo puedo ordenarte que actúes".

Esta, como lo verás al enfocarte en todas y cada una de estas palabras, es realmente una afirmación bastante poderosa y requerirá un gran ejercicio de tu poder de creer, así como imágenes mentales, a fin de entrar en el estado mental adecuado, de modo que tu voluntad pueda viajar fácilmente, camino a aplicar tal orden o comando.

Ten presente que, para que tu voluntad fluya de tal modo que pueda "dar en el blanco", es necesario que elimines cualquier obstáculo que tengas en tu mente. Ya es suficiente para tu voluntad tener que luchar y romper los obstáculos en la mente de la otra persona para también tener que combatir y superar los obstáculos que surjan en tu propia mente. Por lo tanto, es crucial que te pongas en el estado mental adecuado antes de lograr influir en los demás.

Cuando envías el comando mental a la imagen reflejada, concentra todo el poder del significado implícito en la afirmación "Yo puedo ordenarte que actúes".

Esta declaración debe ir acompañada de toda la fuerza de tu propia convicción y de la creencia de que tú tienes la capacidad de ordenar esto y serás obedecido. Para hacerlo, tendrás que despertar en ti la plena conciencia de tu propia fuerza magnética y sentirla vibrando en tu interior y a tu alrededor.

Tendrás que volver a leer estas instrucciones varias veces antes de que te resulten perfectamente claras. De hecho, tendrás que comenzar a practicar y luego volver a leerlas en medio de los ejercicios, antes de que comprendas por completo su significado. Este irá surgiendo gradualmente en tu entendimiento, a medida que avances con tu práctica.

Es como si yo te estuviera dando instrucciones para dominar el arte del patinaje —no comprenderías el significado total de las instrucciones hasta que comiences a practicar en el hielo— y cada vez que volvieras a repasar lo que te he dicho percibieras nuevos significados para las palabras.

Entonces, en el caso que nos ocupa, entenderás las instrucciones por completo solo cuando comiences la práctica real.

Ahora, después de haber llegado al punto en la práctica del espejo donde en verdad logras sentir que le has enviado a la imagen reflejada la orden de que tú eres más fuerte, forzando a la otra persona a ocupar el segundo lugar magnético —y también que puedes ordenarle a la otra persona que actúe como quieres, colocándola así en una posición subordinada—, ya puedes probar algunos otros comandos especiales y específicos que decidas enviarle.

Sin embargo, no caigas en el error de suponer que toda esta práctica de espejo es tan solo un "juego de niños". Si lo haces, estarás cometiendo un gran error, ya que este ejercicio es cualquier cosa menos un juego o pasatiempo inactivo.

Este es nada menos que el aprendizaje del mecanismo del "flash directo" antes de que comiences a "hacer funcionar la máquina" en serio. Es como el período de práctica preliminar en cualquier cosa, que precede a la ejecución real. Es el ensayo que debe preceder a la obra. No dejes de realizar fielmente los ejercicios de ensayo, antes de comenzar a manifestar tu magnetismo en serio. Enfócate en familiarizarte por completo con tu máquina magnética antes de comenzar a hacerla funcionar en un contexto real.

Los ejercicios de práctica anteriores pueden ir seguidos de una práctica similar de enviarles "flashes" de cualquier comando que desees a otras personas. Diseña estos comandos por tu cuenta o practica con los siguientes comandos, ya que es probable que los utilices en tu manifestación real de magnetismo personal.

Por supuesto, estos comandos pueden variar y adaptarse a tus gustos o necesidades. Practícalos frente al espejo de la misma manera que los anteriores:

"¡Mírame!"

"¡Dame toda tu atención!"

"¡Ven aquí!"

"Vete lejos de mí, ¡déjame en paz!"

"Te gusto"

"Me amas"

"¡Tienes ganas de hacer lo que yo quiero que hagas!"

"¡Quieres agradarme!"

"¡Aceptarás mi proposición!"

"¡Fuera de mi camino!"

"¡Te sientes atraído hacia mí!"

"¡Te fascino!"

"¡Soy tu amo!"

"¡Ven rápido y haz lo que te digo!"

"¡Eres receptivo a mis deseos!"

"¡Eres receptivo a mi voluntad!"

14. Ejercicios en "flash directo"

Habiendo dominado los ejercicios frente al espejo, estás listo para comenzar tus ejercicios con personas reales. Sin embargo, aquí también debes gatear antes de caminar y correr. Comienza con las formas más simples de influencia magnética antes de estar listo para realizar las prácticas más complicadas y difíciles. Sal de la etapa de kínder y prepárate para practicar en serio. Si has seguido fielmente las instrucciones referentes a la práctica frente al espejo, sabrás dominar el mecanismo de la influencia magnética y estarás listo para "hacer funcionar la máquina" en público.

No pierdas ni por un momento lo que ganaste mediante el ejercicio del espejo. Aférrate a la "técnica" que has adquirido y no caigas en el error de que ahora debes comenzar todo de nuevo. Lo que debes recordar siempre es que en realidad estás llevando los ejercicios del espejo a una escala superior, en un campo más amplio. Así, tendrás un trabajo interesante por hacer. Te lo aseguro.

Primer ejercicio. Te indicaré un ejercicio que los mejores maestros del magnetismo suelen sugerirles a los principiantes. Consiste en el proceso de hacer que una persona que está delante tuyo, en la calle, se dé la vuelta frente a ti como si hubiera escuchado a alguien llamarla por su nombre. El proceso es muy simple. Tienes que caminar un poco más atrás de esa persona, en la calle, en el parque o en cualquier otro lugar público.

Concentra tu atención fija en ella, mirando a la parte inferior de su cabeza. Luego, envíale primero un fuerte flash de fuerza magnética, seguido de la orden de "flash directo": "¡Oye, tú! ¡Date la vuelta!", como si en verdad estuvieras llamándola en voz alta. Incluso puedes susurrar estas palabras de forma tan suave que nadie más pueda oírlas; al principio, esto te ayudará a imprimirle fuerza a cada comando, pero pronto superarás la necesidad de hacerlo.

En el momento en que envíes la orden "flash", también deberás "desear" o "poner tu voluntad" en que la otra persona se vuelva hacia ti. Pon toda la fuerza magnética que hay dentro de ti en este esfuerzo.

Verás que, en algunos casos, la otra persona girará la cabeza casi de inmediato y mirará hacia ti con curiosidad. Sin embargo, en la mayoría de los casos te tomará más tiempo lograrlo. La persona será propensa a sentirse incómoda e inquieta y empezará a mirar de lado a lado, como si buscara a alguien; entonces, casi (pero no del todo) girará la cabeza; luego, mirará hacia atrás de manera furtiva y sospechosa.

No hay dos personas que actúen exactamente igual a este respecto e incluso la misma persona actuará de manera diferente bajo diferentes condiciones. Hay ciertos momentos en que las condiciones parecen ser más favorables que en otros, por varias razones, como descubrirás por ti mismo.

Verás, tanto en este como en los siguientes ejercicios, que obtendrás los mejores resultados, mientras la otra persona avanza sin hacer nada, sin dirigir su atención en particular en ninguna dirección. Esto ocurre porque, cuando la atención es libre, la mente está más abierta a las influencias externas. En cambio, cuando la atención de la otra persona está firmemente fijada en alguna cosa específica, será difícil influir en ella en cualquier grado relevante.

Este es el resultado de una regla establecida en sicología la cual, como verás, opera en todos los casos. Por ejemplo, si llamas a una persona cuando ella está ocupada en un pensamiento profundo o cuando tiene su atención dirigida a lo que la rodea, lo más probable será que no escuche que la llamas, aunque bajo otras condiciones se volvería a verte con gran facilidad. La misma regla aplica en el caso de la influencia magnética.

Segundo ejercicio. Cuando estés en la iglesia, el teatro u otro lugar público e incluso en un espacio llena de gente, fija tu mirada en la parte inferior de la cabeza de una persona determinada y envíale el comando "flash directo": "¡Oye, ¡tú! ¡Date la vuelta y mírame!". Hazlo, usando toda la fuerza magnética que hay dentro de ti, poniendo la fuerza de tu voluntad en el comando.

Notarás el mismo resultado peculiar que en el ejercicio anterior. Es decir, verás la inquietud de la persona que elegiste, su desasosiego y desazón y, por último, el giro rápido de su cabeza en tu dirección, seguido de la expresión confusa de su semblante. En ambos casos, procura mantener una mirada tranquila y desinteresada, aparentando no estar dándote cuenta de la persona. No es bueno que las personas tengan la idea de que están experimentando con ellas. No hay un poder tan fuerte como un poder reservado y silencioso. Así que mantén tus habilidades para ti y no disperses ni debilites tu fuerza al hablarles de ellas a otros, ni mucho menos las presumas.

Existen ciertas buenas razones sicológicas y ocultas para hacerte esta advertencia sobre mantener tus habilidades en reserva y no disipar tu energía al hablar de ellas o revelárselas a otros. No voy a decir más sobre el tema en este momento, pero quiero que escuches lo que te estoy aconsejando y que lo tengas en cuenta.

Tercer ejercicio. Esta es una variación del primer ejercicio y consiste en hacer que la persona que está delante de ti gire hacia la derecha o hacia la izquierda, mientras camina delante tuyo. Esto puede seguir al ejercicio de hacerla girar en dirección tuya.

Cuando te acercas a otra persona, envíale un flash para que se mueva hacia la derecha o hacia la izquierda, como quieras. También puedes hacer lo mismo con una persona que se está acercando ti. Te sorprenderás de tu éxito en estos ejercicios después de un poco de práctica.

En el caso de un sujeto muy sensible, puedes hacer que esa persona zigzaguee de manera cómica. Sin embargo, no exageres o terminarás frustrando tu propio objetivo, además de que serás cruel con las personas sensibles.

Cuarto ejercicio. Esta es una variación del segundo ejercicio y consiste en hacer que la persona sentada frente a ti gire y mire a la derecha y luego a la izquierda, según lo desees. Durante el ejercicio, que puede extenderse durante un tiempo, habrá casos en que obtendrás algunos resultados muy marcados. Como antes, te advierto que no vayas demasiado lejos con el experimento para que nadie lo note y también porque no es justo para nadie.

Quinto ejercicio. En este experimento, le ordenas a la otra persona que deje caer su bastón, paraguas, abanico o pañuelo. En resumen, haces que la otra persona realice una pequeña acción muscular bajo el control de tu voluntad.

Sexto ejercicio. El ejercicio anterior se puede variar, enviando varias órdenes a las personas que pasan mientras estás sentado en tu ventana o en tu porche, etc. Pasarás un rato interesante, enviándole flashes a la multitud que pasa, una persona a la vez, por supuesto; te sugiero anotar tu porcentaje de éxito. Descubrirás que el porcentaje variará, pero el grado general de éxito debería aumentar lenta pero constantemente, en promedio. No hagas las pruebas demasiado complicadas; envía tus flashes para que la gente realice un movimiento muy simple. Te sorprenderá descubrir que un gran porcentaje de las personas mirará en tu dirección, aunque no les hayas ordenado que lo hagan. Este último resultado ocurre, debido a la atracción general que los demás sentirán hacia ti, dada la influencia de tu onda magnética.

Séptimo ejercicio. Si bien te he aconsejado que mires directamente a las otras personas al enviar el flash, esto no es necesario después de que hayas dominado por completo el "mecanismo" del flash. De hecho, después de un corto tiempo, podrás obtener el mismo resultado, aunque tus ojos miren en otra dirección. No es tu mirada la que influencia a los demás, sino que al mirar atentamente logras concentrar tu atención y tu voluntad en la dirección de las personas.

Prueba el experimento de mirar hacia adelante en un lugar público o en la calle y luego hacerle el flash de un comando determinado a otra persona para que te mire y verás que tendrás un porcentaje bastante amplio de éxito, sobre todo, después de haber tenido éxito con el procedimiento de observación.

Octavo ejercicio. Después de haber dominado el ejercicio anterior, procede a una forma aún más alta de influencia magnética. Consiste en influir en el habla de otra persona. En este caso, procede de la misma manera general que en los ejercicios que acabas de practicar. Cuando una persona te esté hablando, tú puedes "poner palabras en su boca", mediante un fuerte comando mental o un flash magnético. No trates de hacerle decir una oración completa, al menos, al principio. Más bien, comienza por esperar hasta que ella haga una pausa en su discurso y luego le das una cierta palabra, una que encaje en su oración y ella terminará por repetirla.

Después de un poco de práctica, puedes hacer que la persona repita una palabra absurda, que tartamudee, que se detenga y tartamudee nuevamente en su discurso, si así lo deseas. Después de practicar aún más, lograrás que repita una oración completa o incluso más para expresar el pensamiento que has puesto en su mente o para que haga una pregunta que tú has querido que ella haga.

Verás enseguida que una práctica constante a lo largo de estas líneas dará como resultado que adquieras el poder de "querer" y de influir magnéticamente en otras personas para que ellas hagan muchas cosas en respuesta a tu voluntad y a tus comandos silenciosos. De hecho, un desarrollo constante a lo largo de estas líneas te convertirá en un gigante en cuanto al manejo del poder magnético, cuyos resultados son proporcionados solo por el menor grado de fuerza magnética de otras personas o por el grado de práctica persistente de tu parte.

En este punto, deseo advertirte en contra de usar este poder para cualquier propósito indigno. Esta precaución no surge de un mero motivo moral de mi parte, sino del conocimiento de ciertas leyes psíquicas que causan una "reacción que iguala la acción" y que te traerá lamentables resultados si violas esta regla.

Siempre y cuando uses tu nuevo poder para experimentos puramente científicos o propósitos legítimos de asociación humana, todo estará muy bien. Pero nunca prostituyas tu poder para lograr fines indignos o criminales, para que no te involucres en una tormenta de tu propia creación o te enredes en una red peligrosa que tú mismo hayas tejido.

Hay ciertas leyes psíquicas, así como leyes físicas, que no deben romperse y esta es una de ellas. Esto es cierto sobre todo en el caso de una persona que usa el poder con el propósito de influir en gente del sexo opuesto en una dirección inmoral.

Todos los escritores esotéricos de la antigüedad advierten muy particularmente en contra de esta práctica, así que hazle caso a este consejo y haz solo lo correcto con tu poder.

15. El aura positiva

——— ••—●—•• ———

Ahora, que dominas la técnica del "flash directo", estás listo para continuar con la demostración real y el contacto con el público en general. Pero antes de abordar esa fase del tema, creo que es bueno mencionarte acerca de la creación y el mantenimiento del aura positiva.

He pospuesto a propósito mencionar esta fase del tema hasta este punto en particular porque, para crear y mantener el aura positiva es necesario que uno entienda el mecanismo y la técnica del "flash directo", debido a que tendrá que manifestar el mismo poder en el caso del aura positiva.

Así que, en vista de que ya dominas esta técnica, estás listo para recibir las instrucciones sobre el aura positiva y procederemos a tratar este tema de inmediato.

Te he dado instrucciones sobre cómo cultivar una atmósfera personal deseable, o aura, de modo que no hay necesidad de repetir aquí lo que ya he dicho antes. Sin embargo, un momento de reflexión te mostrará que surgirán ciertas condiciones u ocasiones en las cuales te resultará muy conveniente poder influir en un número de personas en masa —en toda una multitud— en lugar de enviarle por separado el "flash directo" a cada uno de los individuos a los que deseas impactar. Por supuesto, la multitud será influenciada por tu atmósfera personal general, pero ahora, necesitas algo más positivo y más directo al punto.

Por consiguiente, debes adquirirlo para satisfacer este requisito. Me refiero al "aura positiva". Esta es, simplemente, la atmósfera personal general, pero directa y positivamente cargada por un esfuerzo concentrado de la voluntad —el mismo esfuerzo como en el caso del "flash directo".

Permíteme ilustrar el "aura positiva" a través de varias historias de la vida real —de las experiencias de varios estudiantes míos—. Estas te darán una mejor idea de lo que necesitas saber sobre el tema. Recuerda que estas breves historias no son ficción y que han sido "tomadas de la vida real"; son fragmentos de la vida de personas reales, todo lo cual ha estado bajo mi observación y análisis personal.

Hace varios años, estando en París, tuve una estudiante cuya verdadera fuerza de carácter estaba marcada por una anormal autoconciencia, apocamiento, timidez y sensibilidad. En la palabra "sensibilidad" está descrita la esencia de la personalidad de esta joven. Era una artista de un talento mucho mayor al del promedio y su forma de ser encantadora hacía que su compañía fuera solicitada por su círculo de amigos.

Esta dama me comentó, en forma de queja, que sufría con la rudeza —o más bien, brutalidad— de las multitudes que atestaban las concurridas calles de algunas de las principales localidades de París. Se quejaba de que la empujaban por todas partes por las que transitara y afirmaba que las multitudes que pasaban cerca de ella la hacían a un lado bruscamente. Además, se sentía tratada con rudeza en las tiendas. El superficial barniz de cortesía de los empleados medios de las tiendas parisienses apenas sí ocultaba el desprecio subyacente y la burla velada por parte de estos "representantes baratos" de los ubicuos tenderos de esta encantadora ciudad.

Lo primero que pensé fue que la joven había entrado en un estado de "afrentas imaginarias", resultado de su organismo altamente sensible y de una disposición cada vez más reducida para estar entre la multitud. En pocas palabras, pensé que estaba sufriendo un estado de autoconciencia mórbida, junto a su frecuente compañera: la persecución imaginaria. Así que decidí probar el asunto y averiguar por mí mismo cuánta verdad había en su caso.

Entonces, haciendo un ligero cambio en mi apariencia personal, usando un simple disfraz que una vez me enseñó a hacer otro de mis estudiantes, un famoso detective de París, seguí a la joven durante varias horas, mientras ella iba de compras. Para mi sorpresa, y puedo agregar que, para mi indignación, descubrí que todo lo que ella me había dicho era cierto. Casi no podía controlarme. Más de una vez sentí deseos de castigar a algún tipo grosero con mi bastón; tan brutal era la conducta de ciertos individuos que se llamaban a sí mismos "hombres".

Sin lugar a duda, existe una cierta clase de hombres parisinos, bien vestidos y "pulidos", pero patanes y maleducados. Parecen obtener un placer especial en darles empellones a las mujeres jóvenes, casi para sacarlas a empujones de la acera, mereciéndose con ello un buen azote de las manos de un verdadero caballero.

Bueno, el caso es que estos patanes parecían tan atraídos por esta dulce jovencita como las moscas por el azúcar. Se excedían en su despliegue de rudeza y cobarde insolencia frente a una chica que estaba libre de cualquier apariencia externa que pudiese atraer de alguna forma a estos patanes.

De inmediato, comprendí que lo que estaba en acción aquí era una causa interna. Además, noté que la joven también era empujada bruscamente por empresarios apresurados que nunca ni siquiera miraban en su dirección, sino que la empujaban de lado como si fuera una cosa inanimada en lugar de una persona. Así que, una vez más, comprendí que existía una causa interna.

Del mismo modo, descubrí que los empleados y los dependientes en las tiendas la trataban de la forma en que ella se quejaba, aunque fuese una buena clienta, fácil de complacer y que no daba problemas. Una vez más, me resultó posible la existencia de un problema interno.

Me fui a casa, diagnostiqué con sumo cuidado el caso y establecí un tratamiento a seguir. Mandé llamar a la joven y le dije que su problema era un caso de "sensibilidad interna extrema y excesiva modestia". En resumen, le expliqué que se había rodeado de un aura de autodepreciación y sensibilidad morbosa. Esta aura, prácticamente, invitaba a las personas a escogerla para arrinconarla contra la pared, empujarla a la cuneta y, en general, a ignorarla, desairarla e insultarla de modo encubierto en las tiendas.

Su aura no solo era negativa, sino atractivamente negativa. Es decir, tan negativa que en realidad atraía naturalezas más positivas a imponerse sobre su debilidad. (Esto está lejos de ser inusual; es una regla de la física, tanto entre animales como entre seres humanos).

De inmediato, comencé a enseñarle a la joven la técnica del "flash directo" frente al espejo (tal cómo te he enseñado). Invariablemente, sus "flashes" debían ir en la línea del positivismo y la fuerza. Ella diría: "Yo soy positiva, mucho más positiva que la multitud que me rodea"; "Fuera de mi camino o caminaré sobre ti"; "Despéjenme el camino, bichos" y otras demandas exageradas dirigidas a las multitudes en las calles.

De la misma manera, les dirigiría comandos a los empleados en las tiendas: "¡Ven, ahora!" "¡Te exijo una atención respetuosa!"; "Atiende mis deseos en forma animada"; "Yo soy una princesa de sangre azul, inclínate ante mí, súbdito".

Notarás que exageré de manera intencional sus exigencias y sus flashes mentales, porque ella necesitaba una actitud mental positiva exagerada para superar su discapacidad — tanto natural como adquirida.

En poco tiempo, había adquirido la técnica a la perfección y había desarrollado la actitud mental y la atmósfera personal general de una princesa. Luego, procedió a "probarlas entre la multitud", por medio del "aura positiva".

El resultado fue maravilloso. Desde el momento en que sus pies tocaron las aceras, ella avanzó como una princesa; las personas se apartaban de su camino y algunas incluso inclinaban un poco su cabeza al hacerlo. Los caballeros ruidosos y desconsiderados se alejaron de ella. Y en las tiendas, la reina de Inglaterra no podría haber recibido un servicio más humilde ni una atención más esmerada. La cura fue completa y así se mantuvo.

Hace mucho tiempo que la joven dejó de lado su proceder de "princesa real" y ahora le basta con mantener un aura de autoestima positiva y confianza en sí misma, junto con la clara exigencia de que se le conceda la consideración adecuada.

Otro caso es el de un joven estudiante mío. Se trata de un estadounidense, hijo de un prominente hombre de negocios. Este joven era bien educado, pulido, que poseía todos los requisitos de un vendedor exitoso, excepto el de inspirar un sentimiento de amistad por parte de aquellos con quienes entraba en contacto.

En varias ocasiones, tuvo que relacionarse con prominentes hombres de negocios en conexión con su trabajo para su padre. Si bien era capaz de presentar sus argumentos con fuerza y de manera lógica, le perjudicaba el hecho de que repelía el sentimiento de amistad, en lugar de aceptarlo. Así que, desesperado, hizo el viaje al otro lado del Atlántico para consultarme y pedirme una cura para sus serios problemas psíquicos.

Su cura fue muy fácil. Bastó con presentarle un curso de ejercicios de "flash directo" frente al espejo hasta que dominara la técnica. Luego, le pedí que saturara su mente con la imagen mental y la idea de:

"¡Me caes bien, me caes muy bien!"

"¡Te sientes atraído hacia mí!"

"Eres mi amigo y deseas mostrarme tu amistad".

En síntesis, todas estas ideas no fueron más que variaciones, una mejora sobre la simple idea de "¡Te agrado!".

Bueno, el caso es que este joven comenzó a irradiar tal atmósfera de simpatía, amistad, que hizo amigos a diestra y siniestra, aún sin intentarlo. Parecía que "la amistad" estaba en el aire a su alrededor. Su antiguo problema desapareció como por arte de magia y se convirtió en un hombre nuevo. Todo es muy simple —y es que esto es un juego de niños— cuando uno tiene el secreto, como ahora tú lo tienes.

El joven insistió en darme un cheque por $1,000 dólares "por mi tiempo y esfuerzo", aun cuando yo solo le estaba cobrando una décima parte de eso.

Podría continuar citando caso por caso mis experiencias a este respecto, pero creo que estos dos mencionados te darán una idea general de lo que estoy tratando de enseñarte sin tomar más tiempo y espacio en este punto.

Esta es una regla general: te corresponde aplicarla a los requerimientos particulares de tu propio caso. Descubre los puntos débiles de tu atmósfera personal y luego procede a desarrollar las cualidades opuestas de mente y carácter. Descubre tus puntos negativos de atracción y luego procede a construir tus cualidades positivas opuestas, tal como lo hicieron con un éxito tan marcado los dos estudiantes que acabo de mencionar.

Lee atentamente este capítulo una y otra vez hasta que el punto se haya fijado en tu mente. El resto es una simple cuestión de práctica.

16. El comando directo

Habiendo ya adquirido la técnica del "flash directo", mediante la práctica ante el espejo; y habiendo también dominado el arte de cultivar el aura positiva, ya estás listo para manifestar sin demasiadas instrucciones adicionales lo que se conoce como "comando directo".

Por "comando directo" se entiende el flash de un comando o una solicitud directa a la mente de otra persona, respaldada por el poder concentrado de tu magnetismo tanto mental como físico. ¿Ves ahora por qué te enseñé primero a adquirir la técnica, mediante la práctica del espejo y luego cómo generar y mantener el aura positiva? ¡Ciertamente, has visto el punto!

Tras un momento de reflexión, comprenderás que el "comando directo" es realmente una combinación de los métodos de la práctica ante el espejo y del aura positiva. La práctica del espejo te enseñó la técnica y la práctica dada por los métodos de aura positiva te ha servido para adquirir destreza, confianza en ti mismo y un uso casi instintivo de tus poderes magnéticos con el objetivo de influenciar a otras personas.

También verás la parte que juegan en tu desarrollo los ejercicios especiales en el flash directo que te di en el capítulo anterior. Ahora, empiezas a ver por qué te he llevado al punto actual poco a poco, ¿no?

El "comando directo" es una forma elevada de "flash directo" y es el método mediante el cual se usa este último con un mayor grado de efectividad.

En el "comando directo", tu diriges o envías un "flash" de tu comando a la mente de la otra persona, mentalmente, por supuesto, pero de la misma manera en que darías un comando real con palabras habladas, si las condiciones fuesen similares. Es decir, formas las palabras del comando en tu mente, acompañándolas de una imagen mental tan fuerte como puedas crearla y luego mentalmente le envías un flash del comando a la otra persona con tanta fuerza magnética como te sea posible.

Encontrarás que ayuda a su efectividad —en caso de una demanda contemplada sobre una persona en particular, para una determinada cosa— practicarlo ante el espejo, utilizando tu propia imagen como un "objetivo", tal como hiciste en el ejercicio previo. Descubrirás que ensayarlo así tenderá a aumentar tu poder en el momento de la manifestación o comando real.

Es imposible darte instrucciones específicas para ejecutar este programa en casos especiales, ya que cada persona tendrá sus propios requisitos especiales, dependiendo de las circunstancias específicas del caso. Solo puedo darte las reglas generales para que las apliques de la mejor forma a tus casos y requisitos particulares. Tal vez, pueda ilustrarte su aplicación, citando algunos casos que han estado bajo mi propia observación y experiencia.

Uno de los casos más interesantes del que fui testigo es el de un profesor en una universidad estadounidense. El hombre, un especialista en su campo particular de investigación científica, además de ser un completo maestro en dicho campo, contaba con una gran audiencia de lectores de sus libros y artículos de revistas. Sin embargo, era casi un fracaso en sus clases, debido a su inhabilidad para obtener y mantener la atención de sus estudiantes.

Vino a verme a París y me explicó su problema. Le di mi curso corto de influencia mental y lo instruí bien según los lineamientos establecidos en este libro. Lo conduje a practicar ante un salón lleno de estudiantes imaginarios, enviándoles fuertes comandos directos como:

"¡Denme toda su atención!"

"Ahora, atención, ¡requiero su completa y absoluta atención a mis palabras!"

"Así es, me están dando toda su atención, ¡ahora manténgase concentrados en mí!"

Le sugerí un grupo similar de comandos directos. Estos se dirigían, primero que todo, a los "jefes" de la clase —a los líderes naturales que se encuentran en todo salón de clase—; luego, sus comandos se dispersaban entre el resto de sus estudiantes. El profesor me dijo que, después de varias de estas escenas imaginarias, cada rostro de sus estudiantes lucía receptivo y que casi podía ver el "flash" de su orden llegando a todos y cada uno de ellos.

Cuando observé que él ya dominaba los principios generales, y que había adquirido la técnica, él regresó de inmediato a su universidad.

Durante el año siguiente, recibí varias cartas suyas, donde me comentaba sobre el éxito total del plan cuando lo puso en práctica. Desde el primer día de su regreso, logró obtener y atraer la atención de su clase y hoy en día es uno de los mejores instructores de la universidad o de cualquier otro lugar al que lo invitan.

En este caso, él les aplicó el comando directo a individuos especiales de la clase, pero el principio era el mismo que en el caso de un único individuo especial, aunque difería del método de aura positiva.

Otro caso fue el de un promotor, ahora de reputación internacional, que no podía "cerrar" muchos de sus planes, debido a que, según él, le faltaba algo en su composición mental. Podía desarrollar planes que atraían la atención de personas prominentes y de otros, y podía fascinarlos con la presentación general de sus propuestas. Sin embargo, le resultaba muy difícil inducirlos a dar el último paso, es decir, a hacer el "cierre" del negocio —firmar el contrato o invertir en la empresa, según fuere el caso.

Así las cosas, trabajé con él y tuve muchos problemas para hacerle superar su idea fija y obstinada de que había "algo mal" en su composición mental. Por fin, después de un largo período de cuidadosa labor de convencimiento ante un "prospecto" (término que se aplica a clientes potenciales) imaginario, comenzó a sentir que en realidad sí tenía el elemento "faltante".

A partir de ese momento, se llenó de coraje e invirtió su vida y energía en los ejercicios. Tan poderosamente magnético era este hombre, y tan alto el grado de fuerza concentrada que generaba, que yo podía sentirla, mientras estaba presente, dirigiendo sus ejercicios.

Yo mismo sentí la necesidad de comprar acciones en sus empresas y estoy seguro de que, si hubiera tratado de convencerme, yo habría requerido ejercer todo mi poder de autoprotección y resistencia para superar su magnetismo.

Cuando terminó su instrucción, se lanzó de inmediato a la creación de una nueva gran empresa, la cual llevó a un muy exitoso final. Hizo el "cierre" de casi todos los "prospectos" a los que se acercó y pronto abandonó los "prospectos" más pequeños para concentrar toda su atención en los "peces grandes".

No me siento en libertad de decir aquí las palabras exactas del "comando directo" que él usó, porque me pagó una gran cantidad por mis servicios y el secreto tendría que ser solo suyo, dadas las circunstancias, pero diré lo siguiente: su comando directo fue una demanda directa sobre sus "prospectos" para que "vinieran" a comprar sus acciones.

Otro caso interesante fue el de una actriz ahora conocida, que carecía de "fascinación". Ella era una actriz magnífica, de buena presencia y con un conocimiento profundo de su arte. Sin embargo, por alguna razón, su actuación parecía carecer de alma.

Entonces, ella me buscó para que le enseñara cómo influir en su audiencia por medio del magnetismo personal, pero vi de inmediato que su arte, si se ejercía con total plenitud, sería suficiente para atraer a su público hacia ella. Su problema radicaba en el hecho de que le faltaba una cierta "fascinación".

La puse a trabajar, entrenándola para que realmente fascinara a los actores que actuaban con ella y así se crearía un aire de realidad. Ella progresó a gran velocidad, dada su rápida habilidad perceptiva.

Cuando terminó mi entrenamiento, la actriz en cuestión era capaz de transmitir tal grado de fascinación en su voz y en sus modales que el actor que actuaba con ella quedaba encantado. El resultado fue que la audiencia también quedaba encantada, debido al efecto de cierta especie de contagio mental. Simplemente, ella les lanzaba comandos mentales directos a los actores a medida que recitaba las líneas de sus personajes y se acercaba a ellos. Hoy, su éxito está asegurado.

No puedo resistir la tentación de mencionar que ahora su mayor problema con los "actores principales" en sus obras es que todos insisten y persisten en enamorarse de ella. Por eso, ha tenido que cambiarlos con frecuencia para deshacerse de sus atenciones no deseadas, porque su corazón ya le pertenece a alguien.

Mencionaré otro caso. El de un destacado estadista al que instruí por medio de correspondencia, hace algunos años. Este hombre quería tener autoridad. ¡Y la consiguió! Le di la "señal y la nota" —como un director musical— y él hizo el resto.

Tan magistral se volvió, mediante el empleo de las órdenes directas que le sugerí, que dominaba a todos los que se le acercaban. De hecho, llevó la cosa demasiado lejos: llegó a ser considerado como peligroso y tiránico, y algunos intereses muy poderosos conspiraron contra él.

Ahora, se encuentra en un "retiro temporal", pero solo está esperando "su momento". Es imposible permanecer en su presencia por algún tiempo —sobre todo, si su atención está dirigida hacia uno— sin reconocer que él es un maestro en su campo.

Las siguientes, son las últimas páginas del capítulo sobre el "flash directo". Encontrarás una cantidad de frases dadas como prácticas frente al espejo. Estúdialas con cuidado y encontrarás en ellas un fuerte indicio de que debes "tejer" tus propios comandos directos.

Los estudiosos de la mente bajo mi dirección han empleado eficazmente todas estas oraciones en la práctica real y todos ellos tienen el germen del éxito en ellos. Tú también puedes usarlas bien sea a nivel individual, en combinación o como un patrón general alrededor del cual puedes tejer tus propias ideas. Practica cada una de ellas hasta que captes su esencia y te garantizo que no tendrás problemas para crear tus propios comandos en el estilo más eficaz.

Notarás lo *directo* y *positivo* de cada uno de estos comandos. Estas son las dos cualidades esenciales que se deben observar y utilizar en este trabajo del comando directo. Imprímeles toda tu fuerza magnética y envía todos y cada uno de tus "flashes" directo al punto exacto: a la mente de las personas a las que deseas influir.

17. El duelo magnético

Las leyes del magnetismo personal están de acuerdo con las otras leyes de la naturaleza al reconocer el hecho universal de que hay varios grados de poder y que, si todo lo demás es igual, el poder más fuerte prevalecerá sobre el más débil.

Sin embargo, también es cierto que el individuo, por un conocimiento superior del arte de la ciencia de defensa y ataque, logra triunfar a menudo sobre un grado superior de fuerza en las otras personas.

Este hecho es tan cierto en el campo del magnetismo personal como lo es en el de la fuerza física. El individuo magnético capacitado es capaz de vencer a su adversario más fuerte, del mismo modo que un boxeador habilidoso tiene la capacidad de vencer a un contrincante más fuerte o que un esgrimista experimentado desarmará y derrotará a un oponente mucho más fuerte.

El conflicto entre los magnetismos opuestos de los individuos se ve por todas partes, todos los días. De hecho, se dice que, en cuanto dos personas se encuentran, existe al menos una prueba preliminar de fuerza magnética. En todo caso, no existe un encuentro entre dos personas cuyos intereses sean en lo más mínimo opuestos, que no produzca una pequeña prueba de fuerza magnética. A veces, una prueba bastante extenuante. Lo cierto es que *en estas pruebas siempre hay un vencedor y un vencido.*

Es un hecho que hay ocasiones en las que las circunstancias afectan el resultado y el vencido hoy puede ser el vencedor mañana. El caso es que, en el momento, siempre hay un vencedor y un perdedor al final de cada duelo magnético, sea este leve o serio. Uno solo tiene que recordar incidentes en su propia experiencia para reconocer que eso es así.

Oliver Wendell Holmes reconoce este duelo magnético en uno de sus libros cuando afirma:

> Ese mortal abrazo indio en el que los hombres luchan con los ojos, aunque no dura más de cinco segundos, rompe una de las dos espaldas y es bueno incluso durante años. Un solo enfrentamiento es suficiente —soluciona todo el asunto— al igual que cuando dos de esos cantantes emplumados del corral se enfrentan entre el estiércol. Después de un salto o dos, y de unas patadas fuertes, todo termina y el asunto se transforma en un "después de usted, señor", con una de las partes caminando vencida en todas las relaciones sociales por el resto de sus días.

El Dr. Fothergill, un conocido médico inglés, escribió un libro sobre el tema de la voluntad. Él era un estudioso cercano del magnetismo personal, aunque no optó por utilizar tal término en sus escritos, debido al estrecho código de ética profesional impuesto entonces a la profesión médica en Gran Bretaña. Pero hablaba de magnetismo personal tanto en teoría como en práctica. Me complace citarlo sobre este tema particular de la siguiente manera:

> El conflicto de la voluntad, el poder de mandar a otros, se ha discutido con frecuencia. Sin embargo, ¿qué es esta fuerza de voluntad que influye en los demás? ¿Qué es lo que nos hace aceptar y adoptar el consejo de una persona, mientras el mismo consejo, viniendo de otra, sea rechazado?

¿Es el peso o la fuerza de la voluntad lo que influye en nosotros insensiblemente? ¿Es la fuerza de la voluntad que hay detrás del consejo la que nos afecta? ¡Es eso! La persona que forzó su consejo sobre nosotros no tiene más poder para imponérnoslo que otros, pero de todos modos hacemos lo que nos pide. Aceptamos de uno lo que rechazamos de otro.

Una persona nos dice: "Ah, no debes hacerlo", pero lo hacemos de todos modos, aunque esa persona pueda estar en posición de hacernos lamentar el rechazar ese consejo.

Pero otra persona nos dice: "Ah, pero no deberías hacerlo" y desistimos, aunque pudiésemos, si así lo quisiéramos, desafiar con impunidad la opinión de esta última persona.

No es el miedo a las consecuencias ni el miedo a ofender lo que determina el adoptar el consejo último, aunque hubiésemos rechazado el primero. Depende del carácter o la fuerza de voluntad del individuo que aconseja si aceptamos o rechazamos el consejo.

Este carácter a menudo depende poco —si es que lo hace, en algunos casos— del intelecto o incluso de las cualidades morales, la bondad o la maldad del individuo.

Es en sí un algo imponderable que, sin embargo, tiene un peso importante.

Puede haber personas más capaces, más listas, pero es la que posee la *voluntad* la que se eleva hasta la superficie en estos tiempos. Es la persona que puede, por medio de algún poder sutil, hacer que otras le obedezcan.

La lucha por la voluntad continúa. En el joven aristócrata que consigue que su banquero le haga otro avance, desafiando su convicción de que nunca recuperará su dinero. Continúa entre el abogado y el cliente; entre el doctor y el paciente; entre el prestamista y el prestatario; entre el comprador y el vendedor. No es el tacto lo que le permite a la persona detrás del mostrador inducir a los clientes a comprar lo que no tenían la intención de comprar y que, cuando lo compran, no les da satisfacción —aunque parecía brindársela, haciendo que el esfuerzo de quien se lo vendió tuviera éxito.

Cada vez que dos personas se encuentran en una relación de negocios o en cualquier otra relación en la vida, incluyendo el hacer el amor, se está dando esta batalla por la voluntad, normalmente, sin que haya ninguna conciencia de tal lucha.

Hay una débil conciencia del resultado, pero ninguna de los procesos. A menudo, se necesitan años de intimidad en la vida matrimonial para averiguar quién en la pareja realmente tiene el dominio. Con frecuencia, la persona aparentemente más fuerte tiene que ceder. Es este elemento de voluntad, que subyace en la declaración: *La carrera no siempre la gana el más rápido ni la batalla la vence el más fuerte.*

En *Middlemarch* (novela de la autora George Eliot) encontramos en Lydgate un gran cúmulo de cualidades, pero Rosamond, superficial, dura y egoísta, lo domina a fondo al final. Él no era deficiente en su fuerza de voluntad, poseía más que su cuota promedio de carácter, pero cayó en la lucha bajo la arremetida de la intensa y obstinada voluntad de su esposa, una mujer de mente obtusa.

Este choque de voluntades implicó la colisión de una naturaleza grande y cálida (como si fuese una mano humana capaz) contra una naturaleza dura, estrecha y egoísta (como si fuese un botón de acero); la mano fue la única lastimada, mientras el botón no se vio afectado en lo más mínimo.

Si sustituyes la frase "fuerza magnética" por "voluntad", "fuerza de voluntad", en palabras del buen doctor, verás cuán perfectamente estaba él de acuerdo con las enseñanzas contenidas en este libro.

El lector que ha estudiado con cuidado las páginas anteriores, habrá adquirido suficiente conocimiento de la teoría y la práctica, del método y la técnica, del magnetismo personal, para poder conducirse a sí mismo a través de un "duelo magnético" con crédito para sí y también para mí, el maestro.

Pero recuerda, hay tanto de habilidad y destreza como lo hay de mera fuerza del magnetismo. Ten en cuenta las tácticas del buen boxeador o buen esgrimista: intenta reproducir (en el duelo magnético) las guardias, las fintas, el golpe inesperado, las acometidas, el golpe abrumador. No te hará daño involucrarte a propósito en algunos de estos conflictos, como una buena práctica, preparándote para el día de una verdadera prueba de poder en algún punto importante.

Afirma un poco tu voluntad y esfuérzate por salirte con la tuya en asuntos pequeños, sobre todo, si enfrentas oposición por parte de otras personas. La habilidad y la práctica, junto con la autoconfianza que obtendrás te serán útiles en la hora de necesidad.

Además de las instrucciones generales y especiales sobre el uso del magnetismo positivo en relación con otras personas, pongo a tu consideración los siguientes "flashes" para que los uses en ocasiones especiales, más que todo, en caso de tener que afrontar "duelos magnéticos". Te serán de gran utilidad, sobre todo, en ocasiones (como suele ser el caso) en que el oponente no conoce el secreto de su propio poder natural de magnetismo y no está versado en el arte y la ciencia de usarlo.

Estudia en detalle estos temas, ya que son valiosos y representan el resultado de años de experiencia y práctica. Aquí sigue la lista de la que acabamos de hablar:

"Mi magnetismo es más fuerte que el tuyo y te está dominando".

"Mi magnetismo te está haciendo bajar la guardia y te estás debilitando".

"Yo soy más positivo que tú. Eres negativo y estás comenzando a retroceder y ceder ante mí".

"Estás comenzando a sentir miedo de mí, miedo, miedo, miedo de mí".

"Retrocede, retrocede, retrocede, te lo digo, te estoy forzando a retroceder".

"Estoy dispersando tus fuerzas. Estoy disipando tu energía. Estoy rompiendo tu magnetismo en pedazos, por el poder de mi propia fuerza".

"Estoy parado en la sólida roca del poder y tus pies están sobre arena y te están fallando".

"¡Sal de mi camino! ¡Te ordeno salir!".

"¡Te estoy empujando! ¡Retrocede, te digo! ¡Atrás! ¡Fuera de mi camino, te lo digo!".

Entenderás la esencia de las frases anteriores al leerlas con cuidado, repitiéndoselas a tu imagen en el espejo, acompañando tus palabras con imágenes completas y la expresión en tus ojos. Luego, podrás lanzarles el flash a otros cuando se presente la ocasión, con facilidad, potencia y efecto.

No tienes que limitarte a las palabras precisas que te he dado, siempre que captes el significado que hay en ellas. Usa tus propias palabras, las mismas que te gustaría decirles a otras personas, si lo prefieres. Tu propósito es transmitirles la sensación y el significado a sus mentes.

En el capítulo siguiente, encontrarás instrucciones completas para hacer y usar flashes defensivos y "guardias", que irán en conexión con las ofensivas anteriores, en el duelo magnético. Derrotarás a tus oponentes, neutralizando su magnetismo, de acuerdo con el consejo dado en el próximo capítulo. Luego, sumérgete en tus propias armas mentales de ataque.

Las siguientes afirmaciones constituyen un arma mental de espada ancha, que suelen usarse y surten un gran efecto:

"Estoy vertiendo en ti una fuerte corriente concentrada de potencia magnética, que te está dominando y conquistando. Estoy doblegándote a mi voluntad".

"Mi magnetismo es mucho más fuerte que el tuyo y sé cómo usarlo mejor que tú. Te estoy dominando, te estoy conquistando, te estoy inclinando a mi voluntad. Te estoy dominando, constante y completamente".

"Te ordenaré que hagas lo que yo deseo y deberás hacerlo ahora mismo. Ríndete, te digo, ríndete ahora, ríndete a mí ya. Deberás hacerlo y lo harás. Estoy rompiendo tu resistencia. Te estás dando por vencido, ríndete, ¡ríndete ya!".

18. Magnetismo corpóreo

Antes de concluir mi instrucción sobre el tema de la proyección del magnetismo personal deseo hablarte de lo que se puede denominar como "magnetismo corpóreo". Por "corpóreo" se entiende, "perteneciente al cuerpo". Utilizo la frase "magnetismo corpóreo" para indicar y designar el transporte del magnetismo personal por medio del contacto físico, por ejemplo, al tocar las manos, los labios, etc.

Se puede objetar que esta expresión es innecesaria en tanto ya he considerado la fase de magnetismo físico o la fuerza nerviosa en relación con el tema general del magnetismo personal. Así que respondo que, por "magnetismo corpóreo" me refiero a algo diferente del mero magnetismo físico o la fuerza nerviosa.

Esta nueva expresión es mucho más inclusiva, ya que, por "magnetismo corpóreo" me refiero a la proyección del magnetismo personal combinado (físico y mental) hacia otra persona, sobre los canales del sistema nervioso de ambas personas, en lugar de a través del éter, como en el caso de la proyección ordinaria de magnetismo personal.

Nota esta distinción: bajo "magnetismo físico" expliqué cómo brindar tratamientos de curación magnética, mediante el uso de las manos. Aquí, el magnetismo físico se transmite sobre el sistema nervioso del sanador y salta por las puntas de los dedos hacia el cuerpo de la otra persona.

Pero, en el "magnetismo corpóreo", no solo se proyectan hacia la otra persona el magnetismo físico o la fuerza nerviosa, sino que también se proyecta el magnetismo mental. En resumen, se realiza todo el proceso de proyección de magnetismo personal combinado, pero el magnetismo fluye a lo largo de canales físicos, no a través del éter, para llegar a la otra persona. Confío en que percibas esta distinción con absoluta claridad, antes de seguir adelante.

La existencia de esta fase de magnetismo personal llamada "magnetismo corpóreo" no deberá causar duda alguna en el investigador meticuloso. Por todos lados, vemos evidencia de los fenómenos de esta fase de magnetismo personal.

En el apretón de manos de cada persona se transmite a menudo el tipo más fuerte de magnetismo personal —en el toque de la mano se encuentra el tipo más fuerte de vibraciones emocionales—. En el beso y en el contacto de la mejilla se encuentra la forma más activa de vibraciones emocionales, como casi todos saben. También a través del contacto corporal se pueden transmitir las formas más peligrosas de magnetismo sexual y otras formas de magnetismo.

No pretendo decir mucho sobre el magnetismo sexual en este libro, pero no estaría haciéndoles justicia a mis lectores si al menos no menciono algunos hechos claros. Apenas necesito recordarles las poderosas emociones sexuales que a menudo despierta un beso, un toque en la mejilla o incluso el simple hecho de "tomarse de las manos". Este es un conocimiento común para la gente, aunque pocos entiendan la naturaleza real del fenómeno.

Me resulta suficiente decir que el libertino generalmente comprende muy bien las poderosas vibraciones que pueden transmitirse de esta manera, aunque no comprenda los hechos científicos del caso; es decir, tiene la práctica bien definida en su mente, aunque no entienda la teoría.

A los jóvenes, en especial, a las mujeres jóvenes, se les debe enseñar el peligro de esta forma de magnetismo y es necesario advertirles que se debe evitar el contacto físico que lo activa.

El hecho de "tomarse de la mano", el beso irreflexivo, la presión de la mejilla, el abrazo o el contacto físico cercano, todos ofrecen y proporcionan una "línea directa" para generar el paso de esta forma de magnetismo, es decir, el magnetismo sexual transmitido a través de canales corporales.

El hombre sin principios, de fuertes pasiones, pronto descubre que, mediante un contacto físico cercano, puede transmitirle su vibración emocional a una joven y así despertar en ella vibraciones recíprocas que puedan hacerla "volar del suelo" y caer en sus brazos hasta su total ruina y desgracia.

Este no es un tema agradable, pero siento que no sería fiel a mis lectores si no señalara esta peligrosa fuerza, advirtiéndoles que se protejan contra el uso de esta en su contra.

Dejando esta fase del tema, deseo centrar la atención en el tema del magnetismo corpóreo, mediante el uso ordinario de las manos, por ejemplo, al saludar de mano.

Las personas fuertemente magnéticas y aquellas que han estudiado este tema, emplean este método de proyección del magnetismo personal al hacer sus movimientos preliminares en la dirección de influenciar a otras personas, haciendo uso del magnetismo personal.

¿Quién no ha experimentado el apretón de manos magnético de individuos de este tipo? Y, por otro lado, ¿quién no ha sido consciente de la sensación de repulsión inspirada por el apretón de manos frío, húmedo y en forma de serpiente de ciertas personas?

Probablemente, también hayas notado que muchos cuyo negocio es influenciarte en cualquier dirección, como políticos, predicadores, promotores, vendedores, tienen la costumbre de ponerte las manos sobre los hombros, durante la conversación o de poner ligeramente su mano sobre tu brazo, mientras te hablan, dándote, en algunos casos, una palmadita final en la espalda, a medida que te instan a "firmar aquí y cerrar el trato".

¿Te has dado cuenta de que esta es una forma de magnetismo corporal y que el resultado suele ser muy efectivo?

Está atento a estos tipos en el futuro y neutraliza su magnetismo, siguiendo las reglas que te daré en el próximo capítulo de este libro. Si eliges o no emplear estos métodos por ti mismo, bueno, eso es asunto tuyo y deberás resolverlo tú mismo.

Se trata de un método muy fuerte para transmitir el magnetismo corpóreo, te lo aseguro.

Al darle la mano a cualquier persona sobre la que desees influir, debes imbuir el "apretón" del tipo de magnetismo personal más fuerte posible, físico y mental, de acuerdo con las reglas ya dadas en este libro.

Dale a la persona el comando directo en el momento del apretón, transmitiéndoselo por medio de los nervios de la mano y los dedos. (Un poco de práctica, estrechando tu propia mano, será de gran ayuda en este asunto). Envíale un mensaje mental como lo harías si solo la estuvieras mirando.

Cuando conoces a una persona con la que estás familiarizado, el apretón de manos es lo más natural y te da una oportunidad espléndida de practicar un poderoso flash preliminar de magnetismo personal, acompañado por el comando directo más fuerte posible. Cuando esto se hace correctamente, servirá para que la otra persona se encuentre en las condiciones psíquicas correctas para recibir órdenes directas posteriores y ceder más fácil ante tu magnetismo.

Ese es tu "comando de avanzada", preparando el camino para la gran carga sobre el enemigo. Úsalo bien y ganarás la mitad de la batalla de un solo golpe.

Sé siempre cordial en tu apretón de manos. Este no debe ser ni duro ni extenuante, ya que a nadie le gusta que le aprieten o magullen las manos con fuerza. Ten presente la palabra "cordial" en este sentido. Ten cuidado con el apretón de manos sin vida. Mas bien, ponle sentimiento y hazlo vivo y vital.

Da la mano como si la otra persona significara mucho para ti y sostén su mano por un momento. Luego, suéltala como con renuencia. Busca a una persona fuertemente magnética, acostumbrada a conocer gente —algunos políticos exitosos, por ejemplo— y déjala darte la mano. Observa cuánto interés y sentimiento le pone a su apretón y luego toma notas de sus métodos.

Un buen predicador magnético, al reunirse con su rebaño en la puerta de la iglesia, mientras sus feligreses van saliendo, también te dará un buen ejemplo. Estúdialo y "capta el movimiento".

Cuando estreches la mano de una persona a la que desees influir, debes poner en el apretón de manos el comando directo que desees imprimirle. Si deseas gustarle, tu comando directo debería estar en esa línea, por ejemplo, di un fuerte "¡Te agrado!". Si deseas afirmar tu positividad y tu poder, debes ponerte a trabajar de inmediato con un muy positivo "Yo soy más fuerte que tú" o con un "¡Yo soy mucho más positivo que tú!" o con alguna otra declaración del mismo tipo, como las que te di en capítulos anteriores.

De hecho, puedes usar de esta forma cualquiera o todas las declaraciones que te he dado previamente, así como en las fases ordinarias del comando directo.

Al concluir este capítulo, deseo llamar tu atención sobre una fase de los fenómenos del magnetismo corpóreo que los maestros del tema suelen pasar por alto. Me refiero a esa forma de magnetismo que se proyecta por la mera "cercanía" de los cuerpos de las personas, aunque ellas no tengan un contacto directo.

Los buenos vendedores y otras personas lo saben por su propia experiencia, aunque no comprenden la verdadera causa. Saben que, al sentarse cerca del cliente, pueden obtener un mejor efecto magnético que si se ven obligados a sentarse a cierta distancia. El resultado de la charla "corazón a corazón" resulta de esta cercanía. Del mismo modo, los gestos de las manos de alguien que está hablando, entrando en contacto cercano con otras personas, suelen servir para transmitirles el magnetismo, aunque no se haya tenido contacto directo con ellas. Las manos, en particular, son instrumentos muy efectivos para quien transmite magnetismo corpóreo, ya que los nervios de los dedos son muy sensibles y transmiten y proyectan el magnetismo con gran fuerza concentrada.

El uso de los dedos del hipnotizador no es más que un ejemplo de este hecho. También notarás que la mayoría de los oradores y conferencistas efectivos tienen una forma de hacer pases o movimientos ondulatorios de sus manos sobre sus audiencias. El buen abogado o promotor generalmente emplea sus manos de esta manera. Recuerda, no digo que estas personas siempre sean conscientes de los hechos que están detrás de sus gestos; casi siempre, lo ignoran y usan sus manos instintivamente, habiendo adquirido los movimientos a través del hábito. Pero los hechos son los mismos y aquellos que aprenden el secreto de la fuerza y su empleo, y luego la usan consciente y deliberadamente, se colocan en una gran ventaja sobre otros que no poseen este conocimiento.

Préstale mucha atención a lo siguiente:

Miles de los mejores hombres y mujeres del mundo han aprendido este secreto, han tomado lecciones sobre su uso y ahora lo están empleando activamente. Ahora, tú puedes unirte a sus filas, si quieres hacerlo.

19. Autodefensa magnética

—··—•—··—

Ahora, habiéndote familiarizado con las diversas formas de manifestación, proyección y uso del magnetismo personal, habiéndote enseñado no solo la teoría, sino también la práctica —no solo cómo adquirir la técnica, sino también cómo emplearla efectivamente—, concluiré llamando tu atención sobre el lado defensivo de la cuestión.

En el boxeo o la esgrima no has dominado el arte por completo hasta que no solo puedas atacar, sino también defenderte; no solo el arte de la acción agresiva, sino también la ciencia de la acción defensiva.

Así es con el magnetismo personal. No solo debes saber cómo usar la fuerza en forma de proyección, sino que también debes saber cómo defenderte de la proyección de la fuerza por parte de otros.

Es cierto que el estudiante cuidadoso y diligente de estas lecciones desarrollará gradualmente tal poder dentro de sí mismo que difícilmente se encontrará con individuos más poderosos que él. Pero, aun así, siempre hay individuos muy fuertes a tener en cuenta y quiero que poseas el secreto para dispersar y disipar el magnetismo de tales personas en lo que respecta al efecto sobre ti mismo, según los métodos conocidos por todos los estudiosos y practicantes avanzados de magnetismo personal.

Esta ciencia defensiva es mucho más simple de lo que creerías en principio, aunque para ser efectivo en ella, primero, debes haber aprendido cómo proyectarte de manera efectiva.

Puedo resumirlo en pocas palabras, presta atención cuidadosamente. El secreto es este:

Al defenderse uno mismo contra la proyección magnética en cualquiera o todas sus formas, no tiene más que proyectar hacia la otra persona una fuerte NEGACIÓN de su poder para influenciarla, afectarla o dominarla.

Eso es todo en pocas palabras. Ahora, los detalles. Sin embargo, justo aquí, quiero recordarte algo muy importante: en esta negación, en realidad no destruyes ni disminuyes el poder de la otra persona en general. Solo neutralizas su magnetismo en la medida en que te afecta a ti o a aquellos a quienes deseas proteger. En otras palabras, en lugar de destruir sus armas, simplemente, las apartas y haces que se desactiven, dejándote a ti y a los tuyos sin afectación.

Para utilizar una ilustración familiar del campo de la electricidad, te vuelves un *no conductor* y la fuerza no te afecta en lo más mínimo. Recuerda esta ilustración y tendrás la idea firmemente arraigada en tu mente.

Puedes volverte inmune no solo al flash directo y a la demanda directa o al comando de otros sin importar cuán fuertes sean, pero también al contagio general de la atmósfera mental o auras de otros. Con un esfuerzo apropiado y concentrado en estas líneas, puedes hacerte completamente inmune a la fuerza del magnetismo personal de los demás, si así lo deseas. O, si lo prefieres, puedes excluir solo a ciertas personas de tu campo y permitir que ingrese el magnetismo beneficioso de los demás. En verdad, tú eres tu propio amo, si tan solo ejerces tu poder.

En cuanto a los métodos que emplearás, no tienes más que utilizar los que ya has aprendido en estas elecciones, simplemente, cambiando la actitud mental y la declaración o comando. Por ejemplo, en lugar de proyectar el comando directo de que eres más fuerte que la otra persona y que por lo tanto puedes influir en ella, tienes que negar con calma su poder sobre ti y desafiarlo a que te afecte lo más mínimo posible.

Como cuestión de hecho, esa actitud mental es mucho menos extenuante que la forma agresiva de proyección magnética. Requiere solo de la interposición de tu escudo magnético de defensa y su poder se apagará sin afectarte a pesar de que la otra persona lo esté proyectando con más fuerza.

Existe, por supuesto, otro plan: combatir el magnetismo agresivo con magnetismo agresivo. Este es el verdadero duelo magnético en su forma simple y puedes usarlo cuando así lo desees. Pero si lo único que deseas es repeler la agresión de los demás, no tienes más que utilizar el plan defensivo de la negación, como te acabo de explicar.

Al formar la declaración mental que acompaña a todas las formas del uso del magnetismo mental, como ya has visto, simplemente, expresas (mentalmente) en unas pocas palabras fuertes y positivas la idea de que deseas llegar a la mente de la otra persona. Bueno, así es el caso de la autodefensa magnética. Simplemente, declaras mentalmente en pocas palabras fuertes que niegas el poder de la otra persona.

Encontrarás, mientras experimentas, que en las palabras "Yo niego" hay un gran poder dinámico de defensa. Es la idea mental detrás de estas palabras la que borra de la existencia el magnetismo de la otra persona, al menos, en lo que a ti respecta.

La negación es el gran *escudo de defensa*. Deja que el significado completo de la palabra *negar* penetre en tu mente; encontrarás que contiene un nuevo significado, una nueva fuerza, cuando lo analizas en relación con esta práctica.

Ahora, en este punto, antes de seguir adelante, te pido retroceder a las lecciones anteriores y tomar nota de las numerosas declaraciones que te di para acompañar el aura positiva, el flash directo, el comando directo.

Luego, dentro de tu propia mente, toma nota de la negación de estas declaraciones (si son proyectadas por otra persona) y encontrarás que posees instintivamente el poder de enmarcar con facilidad tales declaraciones de negación.

Practica un poco, imaginando que otra persona te lanza estos flashes o comandos y que tú estás interponiendo tu escudo de negación en cada caso. Te sorprenderá y te encantará darte cuenta de cuán fácil puedes repeler el ataque más fuerte. Luego, puedes comenzar a practicar, exponiéndote ante la presencia y compañía de las personas magnéticas más fuertes que conozcas para ver cuán fácilmente puedes repeler su poder y cuán libre, calmado y sereno te sientes ahora en su presencia.

Hay dos cosas que deberás recordar a este respecto. Ya te las he dicho, pero es bueno repetírtelas para que las grabes con firmeza en tu mente. Te pido que las repases, mediante los siguientes párrafos.

En primer lugar, como ya te he dicho, este proceso defensivo simplemente te permite deshacerte del mundanal magnetismo agresivo de otros y dejarte inmune —no te permite dominarlos ni obligarlos a cumplir tus órdenes—. Para lograr esto último, debes derrotar la guardia de la otra persona; protegerte al mismo tiempo y luego continuar con un asalto magnético directo sobre ella.

Puedes hacer estas cosas solo si el otro te combate con las armas del magnetismo agresivo, pero si él *niega* tu poder, él es inmune y no puedes afectarlo; al igual que si tú *niegas* su poder, eres inmune. En caso de que ambos se nieguen mutuamente, entonces, la batalla se empatará y ninguno ganará.

La negación no es un arma de agresividad. Es un escudo de defensa. ¡Recuerda esto! Por supuesto, si usas escudo y espada, tendrás una doble ventaja, siempre que el otro no use el escudo. Porque, si puedes repeler su magnetismo y al mismo tiempo usar el tuyo, entonces, él estará a tu merced. Pero si él sabe lo suficiente como para usar también su escudo, entonces, la batalla se empatará y ninguno ganará una victoria definitiva. ¿Captas la idea? Piénsalo hasta que te quede claro.

El segundo punto que quiero que tengas claro es el hecho, ya declarado por mí, de que en realidad no destruyes ni debilitas el magnetismo de la otra persona, mediante el uso del escudo de la negación. Su magnetismo sigue siendo igual de fuerte y tan evidente como si no hubieras usado el escudo; la única diferencia es que al usarlo haces que sus armas sean impotentes contra ti o contra aquellos que desees proteger; así, creas inmunidad para ti y tus protegidos al interponer el escudo de defensa, pero no alteras el poder de la otra persona contra otros a quienes no proteges directamente detrás de tu escudo. ¿Entiendes este punto? Piénsalo hasta que lo entiendas claramente.

Cuando rechazas el magnetismo de una de las personas que lo han estado usando sin conocer la naturaleza de su poder (y hay muchos que lo usan, la mayoría de las personas, de hecho) te divertirás, viendo cómo se "quebranta" esa otra persona. Se sentirá desconcertada ante su fracaso para influenciarte y afectarte y con frecuencia se avergonzará; en algunos casos, hasta se enredará en las corrientes de su propio magnetismo. Incluso puede suceder (a menudo sucede) que una persona así se confunda tanto por su aparente pérdida de poder que pierda su seguridad y, en consecuencia, su capacidad para atacar.

En tales casos, esa persona se convierte en un sujeto fácil para un ataque magnético o una andanada de tu parte, lo que la llevará rápidamente a una desastrosa retirada. Por supuesto, si esa otra persona tiene conocimiento científico del tema, no la tomarás por sorpresa, sino que, al reconocer tu conocimiento y poder, sonreirá y abandonará el ataque en tu contra.

Ahora, mi buen lector, nos separamos por el momento. Me complace haber tenido el honor de instruirte en estas lecciones y confío en que te comportarás de tal manera que serás un alumno digno de crédito y me honrarás con sus triunfos y logros.

Te he proporcionado las armas de magnetismo personal tanto agresivo como de defensa y te he enseñado cómo emplearlas para obtener los mejores resultados. Depende de ti hacer el mejor uso de estas armas, de acuerdo con las reglas y principios que he descrito como guía.

Al despedirme, deseo volver a recordarte dos reglas importantes. Estas son:

(1) Practica, practica, practica hasta que tengas todos los detalles de las instrucciones tan bien aprendidos y tan arraigados por el hábito que los puedas usar instintivamente, tal como ahora caminas, respiras o hablas.

(2) Guarda tus propios secretos y no disipes ni disperses tu influencia insinuándoles a otros los secretos de tu poder. Hay muchas buenas razones para seguir esta regla, algunas de las cuales no son perceptibles a simple vista.

Recuerda el proverbio italiano: *In bocea chiusa, no c'entra mosca*, es decir: "En boca cerrada, no entra mosca". Préstale atención a la esencia de este proverbio.

Au revoir, mis amigos magnéticos, nos encontraremos de nuevo a su debido tiempo.

William Walker Atkinson

www.ingramcontent.com/pod-product-compliance
Lightning Source LLC
Chambersburg PA
CBHW030524080526
44586CB00011B/309